U0917113

农村社会治理丛书
A series on the governance of rural society

农村经济合作组织发展研究

战建华　张海霞　著

山东人民出版社
国家一级出版社　全国百佳图书出版单位

《农村社会治理丛书》总序

改革开放以来，中国农业与农村发展取得了巨大成就。

农业经济持续增长。1978—2012年，农业生产总值由0.10万亿元增加到5.24万亿元。2004—2012年，粮食生产实现“九连增”；2012年，全国粮食总产量达到5.90亿吨，农业综合生产能力迈上新台阶。

农民收入快速增长。1978—2012年，农民人均纯收入由133.60元增加到7917元，按可比价格计算，增长了10.77倍。2010—2013年，农民人均纯收入增幅连续四年超过城镇居民人均增幅。

农民福利日益改善。随着国民经济综合实力的日益增强，政府先后实施了新型农村合作医疗、农村免费义务教育、农村社会养老保险、农村居民最低生活保障、农业和农村基础设施供给均等化等制度，极大地促进了农村社会建设事业的大发展和农民生计的持续改善。

农村社会管（治）理持续创新。随着乡镇机构改革的深入推进，村民自治组织功能强化，农民合作社等多种农村新型经济和社会组织发育并日益发挥作用，农村社会管（治）理发生了重大的制度化转型和创新。

这些成就的取得，得益于国家与农民关系的重大调整以及政府制定和实施的多予少取放活、工业反哺农业、城市支持农村的重大强农、惠农、富农政策，得益于国家所构建的农业生产经营、农业支持保护、农村社会保障、城乡协调发展的制度框架。特别是2004—2013年中央连续十年发布的“一号文件”，对于促进农业与农村的快速健康发展起到了至关重要的推动作用。

尽管如此，中国农业和农村发展中仍然存在许多问题，例如：农产品供求结构性矛盾突出，人多地少水缺的矛盾加剧，农业资源要素流失加快，农业竞争力下降，传统农村社区急剧分化，农村社会保障体系尚不健全，政府对农村社会的管理体制以及农村社会内部的治理机制尚不完善，老人、妇女、儿童等最需要得到关注的弱势群体已成为农村的常住居民和农业生产及农村建设的主力军，农村发展后继乏人，等等。此外，一些地方剥夺农民土地等财产权利的情况时有发生，群体性事件在一些地方的农村还很严重。

当前，伴随工业化、城镇化的深入推进，中国农业和农村发展正在进入新的阶段。保障国家粮食安全、食物安全、重要农产品有效供给的任务仍然很艰巨，缩小城乡区域发展差距和居民收入分配差距仍然任重道远；农村社会结构加速转型，城乡发展加快融合，农民利益诉求日益多元。党的十八大报告指出，“解决好农业农村农民问题是全党工作重中之重”，要“让广大农民平等参与现代化进程、共同分享现代化成果”。

因此，中国农业和农村的进一步和可持续发展，必须顺应阶段变化，遵循发展规律，加大强农、惠农、富农政策力度，加强和创新农村社会管理和内部治理。为此，党的十八大报告提出，“要围绕构建中国特色社会主义管理体系，加快形成党委领导、政府负责、社会协同、公众参与、法治保障的社会管理体制”，“加快形成源头治理、动态管理、应急处置相结合的社会管理机制”，“加强社会管理法律、体制机制、能力、人才队伍和信息化建设”，这对加强农村社会管理体制机制建设提出了明确的任务和要求。

党的十八届三中全会进一步指出，“全面深化改革的总目标是完善和发展中国特色社会主义制度，推进国家治理体系和治理能力现代化”，“要创新社会治理体制，改进社会治理方式，激发社会组织活力，创新有效预防和化解社会矛盾体制”。从社会管理到社会治理，体现了党治国理政理念和思路的重大转变。这为加强和创新农村社会治理方式，提高农村社会治理科学化水平，加快形成科学有效的农村社会治理体制，提供了战略上的思想指导、政策上的调整纲要、科学研究上的学科视角。

山东师范大学公共管理学院成立时间不长（成立于2011年4月）。他们在深入研究和分析“三农”学科发展进展的基础上，本着服务大局、前沿切入的学科发展思路和定位，成立之初即将农村社会治理问题研究作为重点，积极探索中国农村社会治理理论和现实问题。循着这样的学科定位，全院教职工紧紧围绕党的十八大报告、十八届三中全会公报精神开展研究，并在农村社会治理相关研究领域取得了一些初步研究成果。《农村社会治理丛书》是该院老师们近年研究成果的集中展现。

这套丛书选择的十个研究主题涵盖了农村社会治理的主要方面，从不同视角对中国农村社会治理领域中的制度化转型、社会管理体制创新、村干部领导力等问题进行了深入探讨。

《中国乡村治理的制度化转型研究》重点阐述了中国乡村制度化治理的当代内涵，分析了中国乡村制度化治理的现实可能性，设计了中国乡村制度化治理的可行模式，提出了中国乡村制度化治理的基本路径。

在中国乡村治理呈现制度化转型的态势和现实背景下，《中国乡村治理模式研究》则基于对历史进程中乡村治理模式的梳理归纳、对当前实践中乡村治理模式的系统与比较分析，前瞻了未来中国乡村治理的三种有效模式，即压力与机遇并存的“乡政村治”模式、勃然兴起的社区化管理模式和全面城市化模式，并对未来中国乡村治理模式可能的选择路径进行了分析和探讨。

在中国乡村治理制度化转型的过程中，农村社会保障和乡村文化建设取得了明显进步；包括农民专业合作社在内的农村经济合作组织发展势头强劲，覆盖范围扩大，已经成为农业产业化经营和农村社会发展中的重要组织形态，体现了鲜明的时代特色。《农村社会保障制度建设与发展研究》通过深入剖析中国农村社会保障制度建设和发展过程中的重点、难点问题，探讨了一种可持续的适合城镇化、城乡一体化发展要求的农村社会保障制度体系和框架。《当代中国乡村文化建设问题研究》重点分析了当代中国乡村精神文明建设、乡村政治文化建设、乡村法律文化建设、乡村教育、乡村习俗等问题，并提出了当代乡村文化的建设路径。《农村经济合作组织发展研究》从国家与社会互动关系的研究视角，深入考察了政府在农村经济合作组织发展中的权力配置与角色变迁，探究了农村经济合作组织拓展行动空间的行为方式和策略选择，提出了促进农村经济合作组织可持续发展的政策路径。

国际货币基金组织（IMF）的统计数据显示，2012年，世界国内生产总值71.28万亿美元，其中，美国国内生产总值15.65万亿美元。中国的国内生产总值8.25万亿美元，占世界国内生产总值的11.57%，跻身于世界经济大国行列，也为“中国梦”的实现奠定了坚实基础。同时，这也表明，当前中国经济发展正处于“黄金时期”，但也是一个“社会转型期”、“利益调整期”和“矛盾凸显期”。这要求在农村治理的制度化转型过程中，要进一步创新农村社会治理体制机制。

由此，《农村社会管理体制创新研究》重点探讨了公共服务型政府建设、农村社会矛盾治理、农村社会组织发展、农村精神文明建设、农村弱势群体保护、农村公共安全体系建设等问题。《县乡财政问题研究》以财政分权理论以及其他国家财政分权经验为依据，重点分析了中国县乡财政问题的原因与解决途径和制度变革。《中国乡镇政府与村委会关系研究》借鉴国内外实践经验，构建了乡镇政府管理与村委会治理关系的分析框架，探讨了乡镇政府与村委会之间协调运行机制的思路和措施。《新生代农民工问题研究》以新生代农民工介于城市和农村的双重身份为切入点，以新公共服务理论和包容性发展理论为研究思路，重点研究了新生代农民工在农村与城市两方面的权益维护问题。《社会转型时期村干部领导力问题研究》以农村社会的领导力需求为逻辑出发点，重点研究了村干部的组织角色与生存状态、村干部的领导力状态及其形成机制、村干部领导力提升的技术空间等问题。

《农村社会治理丛书》的立意明确、材料丰富、论证有力、分析有理、方法科学、结论得当，对于“三农”问题的解决，对于政府部门的相关决策以及其他方面的深入研究必将有所裨益。但是，从发展的眼光看，农村社会治理涉及诸多领域，丛书所涉研究主题，从体系上讲还不很全面、不够系统，需要今后不断完善和补充；丛书的选题和研究内容本身也可能存在诸多方面的不足。

但瑕不掩瑜。我个人认为，这套丛书的出版将能促进农村治理问题研究同行的学术交流，同时也能呼唤更多关于农村社会治理方面的优秀成果的问世。

是为序。

中国社会科学院农村发展研究所副所长

博士生导师

2014年8月

目 录

第一章 CHAPTER 1

绪 论

◇ 研究意义

◇ 研究视角

◇ 研究框架

农村经济合作组织是改革开放后，农民在家庭联产承包责任制基础上形成的互助性合作组织。这种基于生产和自我利益发展的需要而以独立身份进行的自愿联合，体现了国家与村社退出农村生产领域后农民的互助与合作。在国家与社会分殊的制度背景之下，农村经济合作组织兼具政治化、市场化与社会化等多重功能，为农村社会化服务组织的改革和发展探出了新路，是解决“三农”发展难题、谋求未来长期发展的一个新体制基础。

农村经济合作组织发展历程的梳理可以看到自下而上和自上而下双重力量的互动：一方面，合作组织的发展要顺应农业产业化经营和降低交易成本的农民自我利益发展的需要；另一方面，农村经济合作组织的制度安排常常处在市场机制失灵的边缘，它对政府的扶持具有某种天然的依附性。农民自我组织的合作与政府组织农民的合作互相影响、互相形塑，促成农村经济合作组织的蓬勃发展。

我国农村经济合作组织的发展呈现出非常典型的阶段性、异质性、多源性等特点，这在很大程度上反映出我国农村经济社会文化条件差异大、农村经济社会发展水平分化等状况。但是从中外农村经济合作组织发展的比较中可以看出，我国农村经济合作组织的发展更多是政府主导下的内生需求的诱导型制度变迁，表现出较为明显的行政主导趋向及发展态势①，通常是政府而不是农民自己提出要成立农民组织②。农村经济合作组织与组织农民合作、合作组织的异化与异化的合作组织等发展困境，在一定程度上折射出地方治理中农村经济合作组织发展的制度建设瓶颈。

---

① 郭晓鸣、曾旭晖：《农民合作组织发展与地方政府的角色》，载《中国农村经济》2005 年第 6 期。

② 世界银行：《中国农民专业协会回顾与政策建议》，中国农业出版社 2006 年版，第 27 页。

第一节 研究意义

2009年12月18日，联合国大会第64届会议通过决议，宣布2012年为国际合作社年，这是联合国成立近70年来首次确定的有关合作社的国际年。国际合作社年的确定，肯定了合作社在全球范围的可持续发展以及为世界各国人民创造幸福生活方面的重要作用，肯定了合作社在消除贫困、促进就业、应对危机方面的基础性作用，充分体现了以联合国为代表的国际社会和世界各国政府对合作社事业的重视和支持。大会决议呼吁各国要采取措施为合作社创造一个良好的发展环境，提高对合作社创造就业机会和促进社会经济发展的认识。[①] 联合国将2012年定为国际合作社年，目的在于宣传合作社理念，推广合作社模式，并帮助合作社企业增强发展能力。

2013年中央一号文件《中共中央国务院关于加快发展现代农业进一步增强农村发展活力的若干意见》强调，为“稳步提高农民组织化程度”，要“大力支持发展多种形式的新型农村经济合作组织。农民合作社是带动农户进入市场的基本主体，是发展农村集体经济的新型实体，是创新农村社会管理的有效载体。按照积极发展、逐步规范、强化扶持、提升素质的要求，加大力度、加快步伐发展农民合作社，切实提高引领带动能力和市场竞争能力。鼓励农民兴办专业合作和股份合作等多元化、多类型合作社。实行部门联合评定示范社机制，分级建立示范社名录，把示范社作为政策扶持重点。安排部分财政投资项目直接投向符合条件的合作社，引导国家补助项目形成的资产移交合作社管护，指导合作社建立健全项目资产管护机制。增加农民合作社发展资金，支持合作社改善生产经营条件、增强发展能力。逐步扩大农村土地整理、农业综合开发、农田水利建设、农技推广等涉农项目由合作社承担的规模。对示范社建设鲜活农产品仓储物流设施、兴办农产品加工业给予补助。在信用评定基础上对示范社开展联合授信，有条件的地方予以贷款贴息，规范合作社开展信用合作。完善合作社税收优惠政策，把合作社纳

① http：//www. chinacoop. gov. cn：81/Item/72427. aspx.

入国民经济统计并作为单独纳税主体列入税务登记，做好合作社发票领用等工作。创新适合合作社生产经营特点的保险产品和服务。建立合作社带头人人才库和培训基地，广泛开展合作社带头人、经营管理人员和辅导员培训，引导高校毕业生到合作社工作。落实设施农用地政策，合作社生产设施用地和附属设施用地按农用地管理。引导农民合作社以产品和产业为纽带开展合作与联合，积极探索合作社联社登记管理办法。抓紧研究修订农民专业合作社法”。

在这样的背景下研究农村经济合作组织具有重要的意义：

第一，探究改革开放以来我国农村经济合作组织的发展路径和运行机制。改革开放以来，随着家庭联产承包责任制和市场经济的推进，以及农村税费改革、村民自治等改革，国家越来越多地退出农村的传统治理范围。农村经济合作组织是在家庭承包责任制基础上的农民以独立的身份进行的自愿联合，体现了国家与村社退出农村生产领域后农民自我联合形成的合作。

由国家主导的改革模式决定了改革开放以来农村经济合作组织的发展具有双重特征，即一方面国家放开部分社会空间，鼓励农村经济合作组织的发展，另一方面国家维持在部分领域中的垄断权力，使农村经济合作组织的发展受到一定程度的制约。与此同时，在中国社会转型的大背景下，农村经济合作组织功能的发挥涵盖到政治、经济和社会的多元领域：其作为利益团体在经济领域的全功能发挥，促进了国家和社会的结构分化；而其作为功能团体在政治和社会领域的作用发挥，又强调国家与社会的相互连接。由此引发的对农村经济合作组织政策变迁和功能发挥的探讨，既可以看到推动农民合作运动自下而上发展的蓬勃民间力量，也可以看到国家对农民合作运动的肯定、推动与扶持，体现了国家与社会互相影响和互相形塑的新型关系。农民基于自我利益需要进行的联合并不意味着它是对国家力量的否定。相反，它是国家与社会之间进行重新整合的过程，表明国家与社会以新的方式进入对方，建立国家与社会之间新的连接渠道。[①] 这对于中国国家与经济、社会关系的重构有重要启发。

---

① 李姿姿：《改革开放以来中国农民合作组织政策变迁研究》，载《中国国际共运史学会 2008 年年会暨中国改革开放三十年与世界社会主义研讨会论文集》，2008 年。

第二，拓宽和深化对农村经济合作组织研究的视野和思路。虽然农村经济合作组织出现之初仅是基于经济利益结成的共同体，但随着它的不断巩固、发展，必然成为农村社会政治生态中重要的一环，逐渐萌生出第三部门的一些特质，并对现有的农村社会结构——由村委会、县乡政府以及各类公司构成的社会基本组织结构产生着影响。①

作为一种现实的民间力量，农村经济合作组织的变革是观察中国国家与社会关系的重要视角：在从全能主义国家向国家与社会分殊的制度转型的背景之下，农村经济合作组织的发展既见证了农民从被组织者到自主组织者角色的转换，又体现了税费改革后国家权力对社会的再进入过程。但既有的研究多从经济学视角探究其发展背景和经济功能，没有将其置入更大的社会环境来讨论，至于从国家与社会关系进行的研究则更不多见。所以，以国家与社会的互动关系为视野，对于这样一种具有普遍意义和复杂特性的新的社会事实的探究，能够为其动态演进及其制度支持提供多元的分析视角与思考路径。

第三，探究农村经济合作组织可持续发展的框架设计和制度建设。我国农村经济合作组织的发展，是政府主导下的内生需求诱导型制度变迁。正因为如此，制度环境对于合作组织的创建和发展是至关重要的。② 但是我国现阶段的农村经济合作组织发展表现出较为明显的行政主导趋向及发展态势③，通常是政府而不是农民自己提出要成立农民组织④。农村经济合作组织与组织农民合作、合作组织的异化与异化的合作组织等发展困境，在一定程度上折射出我国当前农村经济合作组织发展的制度建设瓶颈。

农村经济合作组织提高了农民的组织化程度，为农村社会化服务组织的改革和发展探出了新路，是解决“三农”发展难题、谋求未来长期发展的一个

---

① 侯小伏：《农村专业合作社与乡村治理》，中国—欧盟村务管理项目2005年征文，见 http：//www.chinaelections. org/newsinfo. asp？ newsid =95598，2006年9月15日。

② 农业部农村经济体制与经营管理司、农业部农村合作经济经营管理总站：《农民专业合作组织案例评析》，中国农业出版社2009年版，第185页。

③ 郭晓鸣、曾旭晖：《农民合作组织发展与地方政府的角色》，载《中国农村经济》2005年第6期。

④ 世界银行：《中国农民专业协会回顾与政策建议》，中国农业出版社2006年版，第27页。

新体制基础[①]。基于此，本研究将主要通过对山东省农村经济合作组织发展的实践解析和理论探讨，初步建立一个中观维度的分析框架，从而对农村合作组织的发展和创新达成更多共识，促进有益于其可持续发展的合理制度建设。

第二节　研究视角

农村经济合作组织是国家与村社退出农村生产领域后农民自我联合形成的合作。当前，学界对农村经济合作组织的研究主要体现在从经济学领域研究合作组织的组织类型、产权安排和制度绩效；从社会学领域分析以集体经济为基础的乡村再组织问题；从公共管理学领域关注合作组织的功能与作用。但在这些研究中，农村经济合作组织都被看做一个相对独立的个体，没有将其置入更大的社会环境来讨论，至于从国家与社会互动关系进行的研究则更不多见。由此，超越国家与社会的零和博弈，以共同利益基础上的合作与互相形塑为基础对农村经济合作组织的形成轨迹、效能作用、发展路径等方面的研究需要进一步深入和强化。

国家与社会关系是学术研究中一个由来已久的话题。在有关国家与社会关系的理论中，对中国既有的研究主要从市民社会（civil society）[②] 和法团主义（Corporatism）[③] 两种研究视角上进行分析的，而国家与社会互动理论是在这两种研究取向的基础上发展起来的。

一、市民社会与法团主义的研究视角

市民社会研究在西方有良好的传统，它着眼于社会组织的蓬勃发展，以及随之而来的公共领域的开放和对国家权力的制约。对中国市民社会研究的代表人物是戈登·怀特（Gordon White）。他通过对浙江萧山民间社团的考察，认为一种非官方、非正式的民间经济和组织正在出现，它们与国家体制的界限日

① 韩康：《关于新型农业合作化问题》，《学习时报》2006 年 7 月 27 日。

② civil society 的中文译法较多。本研究采用“市民社会”的译法。

③ Corporatism 也被译为统和主义、社团主义、组合主义等。

益明显，基层社会出现了向“市民社会”过渡的标志，一种新的权力平衡开始显现。[①] 当然，持市民社会研究取向的学者一般都承认中国的市民社会不同于西方，最多只能称为“准”市民社会（semi - civil society）、“国家引导的”市民社会（state - led civil society ）。但是，这些学者们大多相信这种“初级的”市民社会（nascent civil society ）组织是通往民主的必要条件。市民社会组织通过各种权宜的策略，不断发展自身力量，最终能够获得更大的自主性。

在国内，有学者以较为宽泛的视角将市民社会描述为“一种由民间组织充分发展所带来的社会状态”，即“自发自主结社；公民和群体多渠道的表达、沟通、对话、协商和博弈；公共部门的资源支持；社会资本增加；企业富有社会责任；公共部门更加民主高效和拥有更高的问责能力；社会富有和谐性、包容性、多样性和承受力”[②]。其他学者的研究也与此相关，他们通过实证研究认为中国正在走向市民社会，市民社会正在形成之中，但也有学者认为中国已经迈进市民社会的门槛里[③]。

法团主义是用来解释社会结构与国家社会关系的重要理论分析框架。学界通常认为，法团主义思想是由菲利普·斯密特（Phlippe C. Schmitter）在 1970 年代末概括提出。他认为法团主义作为一个“利益代表系统由一些组织化的功能单位构成，他们被组合进一个有明确责任（义务）的、非竞争性的、有层级秩序的、功能分化的结构安排中。它得到国家认可（如果不是由国家建立的话），并被授权给予本领域内的绝对代表地位。作为交换，它们在需求表达、领袖选择、组织支持等方面，受到国家的相对控制”[④]。

法团主义强调国家控制和自上而下的垂直结构，一些学者因此认为，法团主义与强调社会自主性和横向联系的市民社会相比较更适用于对中国的研究。奥

① White，Gordon. Prospects for Civil Society in China：A Case Study of Xiaoshan City. *The Australian Journal of Chinese Affaires*，1993（29），pp：63 - 87.

② 王名：《中国民间组织 30 年》，社会科学文献出版社 2008 年版，第 30 页。

③ 高丙中、袁瑞军：《迈进公民社会》，载高丙中、袁瑞军：《中国公民社会蓝皮书》，北京大学出版社 2008 年版，第 1 页。

④ P. C. Schmitter. Still the Century of Corporatism? In P. C. Schmitter and G. Lehmbruch，eds.，Trends Toward Corporatist Intermediation，Beverly Hills：Sage，1979，p13. 转引自张静：《法团主义》，中国社会科学出版社 2005 年版，第 25 - 26 页。

伊（Jean Oi）用“地方性的国家法团主义”来解释中国地方乡镇企业发展成功的原因。[①] 安格尔和陈佩华（Unger，Chan）倾向于用法团主义来解释中国社团组织的发展，一方面，完备的官僚机构、顽强的国家自主性、集体本位的儒家文化为法团结构在中国的生长提供了有益条件；另一方面，伴随着经济上的自由化，国家也需要以法团主义作为替代机制来实现对社会的有效控制。[②] 而林南则用“地方市场社会主义”来解释乡镇企业的成功。[③] 地方市场社会主义实质是一种农村地方法团主义，其中以家族亲属关系为主的关系网络是构建地方政府、市场、社区成员整合纽带的重要基础。国内学者张静、顾昕等人的研究发现，中国的国家与社会关系呈现出较为明显的法团主义结构，NGO 与国家体制存在制度化联结，并由此得到行业垄断地位，中国正在通过改革实现从国家法团主义到社会法团主义[④]的转变。

市民社会理论和法团主义理论都建立在国家与社会二分的基础上。不同的是市民社会站在社会的角度，发展自治社团，维护“公共领域”的能力，以界定和制约国家权力；法团主义则相反，站在国家的角度，为实现政府自己的目的与选定的社团发展一种特殊的关系。[⑤] 但是，市民社会理论并不完全适合中国现实。因为市民社会理论不仅强调国家与社会的分离和社会的自治，而且还强调市民社会对抗国家、制衡国家权力的能力，但是中国的国家与社会之间却没有明确的界限，社会对国家具有很强的依附性，这使得市民社会理论路径的研究往往难以恰当地描述出当代中国民间组织与国家权力的现实互动状况。[⑥] 而法团主义意在突破国家与社会的界分，强调社会自由化背后的重新整

---

① Jean Oi，The Role Of the State in China's Transitional Economy，*The China Quarterly*，1995，pp. 1149 - 1332. 转引自张静：《法团主义》，中国社会科学出版社 2005 年版，第 169 页。

② 转引自曾彦中：《澳洲中国研究的多元性：以安戈及何包钢的学思历程为例》，台湾大学政治学系硕士论文，2009 年。

③ 林南：《地方性市场社会主义：中国农村地方法团主义之实际运行》，载《国外社会学》1996 年第 5 - 6 期。

④ 贾西津等：《转型期的行业协会——角色、国内与管理体制》，社会科学文献出版社 2004 年版。

⑤ Jonathan Unger：《中国的社会团体、公民社会和国家组合主义：有争议的领域》，载《开放时代》2009 年第 11 期。

⑥ 庄文嘉：《非正式政治：一个草根 NGO 的行动策略——以广州业主委员会联谊会筹备委员会为例》，载《社会学研究》2008 年第 2 期。

合，是一个“先分化后整合”的过程。然而，观察中国实际社会变迁的现实，国家与社会的分立并未完成，国家的主导作用依然明显，与其说这是一个权利分立的过程，毋宁说是一个分化与整合同一的进程。这种情况下，切割中国社会生活的现实，使之符合法团主义模式，难以找到中国社会的真问题，而在新的背景下将这一理论“反”过来使用，又在某种程度上偏离了它的传统主题。①

基于以上分析，市民社会和法团主义的研究框架虽为理解中国的国家与社会关系提供了一定的解释力，但二者仍面临以下问题：

第一，市民社会和法团主义的分析框架在对中国经验进行阐释时，假定了国家和社会内部分别是同质的、合作性的、协调的，而国家和社会之间是异质的、冲突性的、不协调的，倾向于把各种矛盾纳入到国家和社会的冲突中来认识，这种认识忽视了体制内外的互动，即国家和社会相互构造、相互转化、相互利用、相互增强及相互削弱的事实。②

第二，市民社会理论和法团主义理论难以较为清晰地界定我国的国家与社会关系，原因还在于这两种理论都侧重于国家与社会之间权利的分配状态的研究，是一种静态的结构分析，而国家权力与社会力量间的互动却是一种不断变化的、充满冲突与妥协的动态过程。正因为如此，才会呈现一种不断变化的国家社会关系。因此，我们不仅应该关注中国存在什么样的国家与社会关系这种状态，而且更应当关注国家与社会之间是怎样互动以及相互渗透的这个过程。③

二、“国家在社会中”的研究视角

1990年代以来，国际学术界在比较发展研究领域的进展逐渐突破国家与

---

① 郁建兴、吴宇：《中国民间组织的兴起与国家——社会关系理论的转型》，载《人文杂志》2003年第4期。

② 徐勇：《当前中国农村研究方法论问题的反思》，载《河北学刊》2006年第2期；郁建兴、吴宇：《中国民间组织的兴起与国家——社会关系理论的转型》，载《人文杂志》2003年第4期。

③ 赵秀梅：《中国NGO对政府的策略：一个初步考察》，载《开放时代》2004年第6期；邓燕华、阮横俯：《农村银色力量何以可能？——以浙江老年协会为例》，载《社会学研究》2008年第6期。

社会二元分立的局限，将国家与社会各自的行动理解为灵活的、反应性的，因而是互动的结果。乔尔·米格代尔（Joel S. Migdal）的“国家在社会中（state in society）”的研究是此类研究视角的代表。其主要观点为：（1）“国家”的概念被分为理想的和实践的，前者构成传统分析模式中一致的整体，而后者指出国家是由多个不同部分的实践活动构成的，它们既可能确认和加强整体性的国家并提升其超越社会的自主性，同样也可能削弱这一完整性并模糊两者之间的界限。国家的各部分与社会的不同群体之间总是存在一些重要的联结，它们常常影响着国家和社会各自的控制领域，使得这些领域的边界模糊而又经常变动。(2)“社会”是一个网状结构，各种社会势力并非团结一致对抗国家，它们之间的竞争导致了多种不同的规则制定逻辑和各种公开或者隐蔽的社会冲突，最终是没有一个社会势力可以统治全局，社会的变化结果难以预料。国家作为政策制定者也不是凌驾于社会之上，而是存在于社会中，构成社会的一部分。实践中的国家很少能够摆脱社会而独立自主，其自主性、政策的倾向、领导人的威信及其本身的一致性都深深受到它所运作的社会的影响。因此，无论是国家还是社会都无法独立主导社会的变迁。（3）国家及社会各自的行动是互为反应的，双方在社会结构中的相对位置及行动都是互动的结果，无法预先确定。因而，国家各部分与社会各部分之间具体联系的本质决定了国家能力方面的不同，两者的互动既可能使国家和社会“双方都产生较过去更多的权力，也可能使双方都变得较以往更为脆弱”①。

虽然学术界对这种理论的介绍和研究还在发展中，但很多文献已经从对中国的实证分析中形成对这种理论的积极呼应。比如 David Zweig 研究发现，中国农村非集体化改革的动力，既不是单纯决定于国家，也不是单纯决定于农民，而是国家、地方、基层干部和农民多方互动和作用的结果。② 朱健刚通过对城市街区权力的变迁来透视国家与社会的关系的变化，发现在城市基层社

① Joel S. Migdal, State in society : studying how states and societies transform and constitute one another, Cambridge, New York: Cambridge University Press, 2001, p57. 转引自李姿姿：《国家与社会互动理论研究述评》，载《学术界》2008 年第 1 期。

② 转引自郑卫东：《国家与社会框架下的中国乡村研究综述》，载《中国农村观察》2005 年第 2 期。

会，国家与社会正往强国家与强社会的方向发展。一方面国家力量不断增强，行政力度加大，另一方面社会组织网络也在政府扶持下不断扩展，这同时也促进了社会自治空间的生长。国家与社会正在良性互动，相互磨合。[①] 赵秀梅以一个位于城乡结合部的社区为例进行考察发现：基层国家与 NGO 之间形成了一种基于资源交换的互惠关系。这些 NGO 身上反映了国家与社会互动过程的两种不同的逻辑和方向。一方面，它们是社会从国家分离出来的产物，是独立自主的社会领域的一部分，其市民社会的属性使得它们在代表社会与国家互动的过程时加剧了国家与社会之间的分离。另一方面，中国 NGO 生存和发展的制度环境又决定了它们积极追求与国家权威的结合。从某种意义上讲，可以认为，中国的 NGO 在努力分离国家与社会界限的同时，又在通过与国家权威的结合来模糊这种界限。[②]

三、国家与社会关系在本研究中的界定

就本项研究来看，“国家在社会中”理论为本研究提供了两个研究起点：第一，它主张把国家看成非统一的组织体系，由于国家的各个部分所具有的合法性与社会成员的信任关系不同，因而介入社会的情况也存在差异，需要了解不同政府部门权力在农村经济合作组织之间的分配和互动。对国家与社会关系正处于变迁的转型期的中国而言，这种方法尤其具有适用性。第二，这一理论模糊了国家与社会的边界，指出国家与社会通过互动进行互相形塑，国家的不同部分同社会的各个群体互动，形成不同的形态、特质、速度和结果。在农村经济合作组织发展中，由于它的产权关系是开放性的，因此各种力量以多元方式参与其中。而国家作为一个内生的变量，直接影响到合作组织的生成机制和发展逻辑。

在一般性的理论中，国家一般指在一定的领土范围内，通过合法垄断暴力的使用权而对其居民进行强制性管理的各种组织机构及其体现的强制性等级制

① 朱健刚：《城市街区的权力变迁：强国家与强社会模式——对一个街区权力结构的分析》，载《战略与管理》1997 年第 4 期。

② 赵秀梅：《基层治理中的国家社会关系——对一个参与社区公共服务的 NGO 的考察》，载《开放时代》2008 年第 4 期。

关系的总体；社会则相应地指在该国家领土范围内的居民及其群体的非国家组织与关系的总和。两者关系的调整，也就是对国家的机构设置、职能界定，以及某一社会共同体中强制性等级制关系与其他关系（经济的、文化的、宗教的、血缘的等等）在社会生活中所占比重的调整。[①]

本研究对国家与社会关系的考察是基于“国家在社会中”的研究视角。具体说来，作为与社会互动的实际主体，本研究中的国家既指各级政府部门，也指政府制定和实施的法律、法规、条例、政策、文件，还指政府的官员以及他们的态度和办事方式。对于社会，本研究主要是对多元化、异质性的农村经济合作组织进行研究。

第三节　研究框架

一、研究问题

与新中国成立后政社合一的合作社相比，本研究中的农村经济合作组织是在家庭承包责任制基础上的农民以独立的身份进行的自愿联合，具有新的内涵、新的边界和新的功能，是一种新型的农民合作经济组织。在从全能主义国家向国家与社会分殊的制度转型的背景之下，农村经济合作组织的发展可以看做是改革开放30多年来国家与社会关系变化的一个缩影，有助于我们深化对以下问题的理解：

第一，如何理解改革开放以来我国农村经济合作组织的快速发展过程？农业产业化经营和交易费用等理论提供了农民合作的经济合理性和一般性解释，但是山东省农村经济合作组织发展中的阶段性、异质性、多源性等特点体现了政府的直接而积极的干预。内生性（社会）需求动力和体制性（国家）权威支持决定了农村合作组织的双重品格，国家与社会在这一组织领域中相遇，纠纷与互动尽在其中：内生性需求动力和体制性权威支持是积极一致地促进了合

① 何艳玲：《都市街区中的国家与社会：乐街调查》，社会科学文献出版社2007年版，第6－7页。

作组织的发展吗？两者是否会产生冲突并形成合作组织发展的障碍？内生性需求动力支持的合作组织如何在与国家的互动中保证其自主性？

第二，如何理解国家在农村经济合作组织发展过程中扮演的角色？这个简单的问题背后凸显出一个现实的矛盾：一方面，合作组织的反市场性决定了其对国家扶持具有天然的倾向性，而我国农村经济合作组织的蓬勃发展也见证了国家的肯定、推动与扶持；另一方面，农村经济合作组织功能的多元化发展在很大程度上促成了多元治理结构的形成，形成对国家权威的挑战。在这样的背景下，国家对社会的支持是缩小了国家的边界还是扩展了国家的功能？如何从现实的运作逻辑中找到对此进行解释的起点？

第三，基于国家与互动视角的研究，影响农村经济合作组织发展的变量因素包括哪些内容？如何在借鉴国外相关经验的基础上促进我国农村经济合作组织的可持续发展？国家推动发展的农村经济合作组织的实践促使国家与社会的关系朝向良性互动演变，产生了国家与社会相互增权的效果。本研究将尝试采用能促型国家等概念，对此进行分析解释。

二、研究方法

本研究主要采用文献分析法、典型案例研究等方法。

第一，文献分析法。本研究中文献研究的范围包括国内外研究国家与社会关系、农村经济合作组织发展的书籍、期刊文章、学位论文、会议论文集、以往的调研报告及案例研究，另外还引用了部分媒体的报道和有关统计资料。虽然从国家与社会关系的视角分析农村经济合作组织发展的专门研究成果极少，但不同学科、不同研究取向的文献为把握农村经济合作组织发展的基本情况、研究进展和分析框架提供了非常重要的依据。

第二，典型案例研究法。本研究将主要以山东省农村经济合作组织发展中较为典型的案例作为本研究分析的基本对象。本研究之所以主要选择以山东省为例进行研究，首先，要在横向的剖面上，把中国从空间上分解为较小的、易于掌握的单位。这样的划分之所以必要，是因为中国首先是一个幅员辽阔的国家，它的不同组成部分之间存在着相当的差异。以山东省为例的研究既可以在相对同质化的地域和政策框架下探究地方政府的行为选择，也可以从农村经济合作组织的异质化发展中深入探究各种影响变量。

其次，山东是中国的农业大省。2008 年农村人口 5860. 34 万人，占全省总人口 62. 39%，高于全国平均 56% 的水平；山东省 2008 年耕地面积 6321. 48 千公顷[①]，占全国的 0. 52%，但 2008 年山东省农林牧渔业总产值 5613. 0 亿元，位居全国第一；粮食、油料、棉花产量居全国第二，水果、肉类、水产品产量居全国第一。[②] 由此可见，山东是我国典型的农业大省，发展农村经济合作组织有独特的产业优势。

再次，山东省在全国是农村经济合作组织发展比较先进的省份。2006 年，山东省登记和备案的农村经济协会共有 6393 个，各类农业专业技术协会达到 1. 6 万个[③]；2010 年 6 月底，山东省实有农民专业合作社 35080 户[④]，数量居全国第一。山东省在扶持农民专业合作社规范化发展的同时，特别注重以灵活政策支持其做强做大。2009 年 9 月，山东省在全国率先允许农民异地加入或领办农民专业合作社；允许农民成员以土地承包经营权、林权等出资加入农民专业合作社；允许农民专业合作社冠省行政区划名称。2009 年 11 月，山东省首家农民专业合作社联合社成立，标志其农村经济合作组织发展迈向了更高层次。以山东省为例的典型研究可以为全国农村经济合作组织的良性发展探究可以借鉴的经验。

三、章节安排

本研究以公共管理学的研究视角探讨我国农村经济合作组织可持续发展的路径设计。其基本研究逻辑为：首先是梳理农村经济合作组织发展的理论基础；其次是对中国农村经济合作组织发展的系统分析，从其发展历程、发展动

① 《山东省农业生产基本条件》，山东省农业厅网站，见 http：//www. sdny. gov. cn/col/col51/index. html。

② 《全国各省市主要经济指标（2008）》，山东省统计局网站，见 http：//www. stats - sd. gov. cn/tjsj/nj2009/indexch. htm。

③ 文国锋：《加强农村民间组织的培育和规范　促进社会主义新农村建设——山东、河南农村民间组织培育发展情况的调研报告》，载《学会》2007 年第 6 期。

④ 《山东省 2010 年上半年个体工商户、私营企业、农民专业合作社基本情况统计分析》，山东省工商管理局网站，见 http：//www. sdaic. gov. cn/bgstjzl/ShowNews. asp？ id =420。

力、运行机制、基本功能、发展困境等方面全方位考察农村经济合作组织发展过程中的政府行为与策略回应；再次是借鉴国外合作组织发展的基本经验，建构我国农村经济合作组织可持续发展的政策路径。

本研究的具体章节安排如下：

第一章是绪论。主要介绍本研究的理论和实践意义、研究视角和研究框架。

第二章是农村经济合作组织的研究基础。农村经济合作组织在不同语境下有不同的理解和指称，还包括农村经济协会、农民专业合作社、股份合作社等多种表现类型。世界银行对中国的调查发现有 9 种以上的界定。本章将从不同研究视角的概念中寻找农村经济合作组织最一般性的界定，在概念界定的基础上从类型上划分观察其外在表现形式。

第三章是我国农村经济合作组织的发展历程。不同阶段的农村经济合作组织，因其特定的历史背景和经济条件，呈现出了各自不同的特点。本章内容以时间跨度为分界线，分别考察了 1951 年到 1956 年农村经济合作组织在新中国的初步发展阶段、1957 年到 1978 年农村合作社运动的曲折发展时期以及 1978 年改革开放后我国农村经济合作组织的发展现状，并分析不同阶段农村经济合作组织发展的概况和特点。以此为基础，可以更清楚地了解未来中国农村经济合作组织的发展方向。

第四章是我国农村经济合作组织的运行机制。本章内容有三部分：一是合作组织的发展模式和基本特点，先是根据运行机制和领办方式来分析合作组织的不同发展模式，再是以合作社为例来考察合作组织的发展特点，主要是以此为后面合作组织发展困境的分析做好铺垫；二是合作组织发展中的国家形塑与角色变迁，从合作组织发展的阶段性和产业分布的纵向同质性上观察国家对合作组织发展的控制性考量，从地方政府的制度创新、合作组织发展的多源动力、国家行为的非连续性上分析国家影响合作组织发展的行动路径；三是农村经济合作组织面对国家的双重角色采取的多元发展策略。

第五章是农村经济合作组织的基本功能。本章认为合作组织的经济功能主要表现在提高组织化程度、降低农业经营风险，提升农业产业结构调整、提高农业产业化水平，降低农产品交易费用、增加农民的经济收入，深化农村经济改革、推动农业经营体制创新等四个方面。合作组织的政治功能表现在培养农民的政治素养、推动农村民主化进程，维护农民合法权益、优化乡村治理结构，促进农村社区建设、培育社会资本等三个方面。本章还以合作社参与农业科技推广为例分析了合作组织的社会功能。

第六章是我国农村经济合作组织的发展困境。本章首先简要介绍了合作组织发展中存在的四大问题，包括组织化程度低、总体实力较弱，产业分布不均、发展水平较低，内部运作不规范、民主管理原则受到挑战，合作组织出现异化、农民利益无法保障等。然后从合作组织发展的外部和内部环境详细分析了产生这些问题的根本原因，为第八章提出解决问题的政策思考奠定基础。

第七章是对国外农村经济合作组织发展的经验考察。本章先对国外农村经济合作组织的发展状况进行了基本概述，然后分别介绍了欧美国家的专业合作组织发展模式和东亚国家和地区的综合性合作组织发展模式。以农村经济合作组织较为发达的欧美国家和与我国有诸多相似之处的东亚地区作为典型，可以形成供我国农村经济合作组织发展进行借鉴的有益经验和启示。

第八章是我国农村经济合作组织持续发展的思考。本章认为，政府和农村经济合作组织的关系表现出依存性、不均衡性、差异性等特征，所以在推进农村经济合作组织发展时应注意坚持自主发育与政策扶持相结合、规范与发展并重等原则。以此为基点，本章提出能促型政府的概念，以期为合作组织创造健全的制度化管理环境、对合作组织社会资本和能力投资形成更完善的思考。

第二章 CHAPTER 2

农村经济合作组织的研究基础

◈ 农村经济合作组织的概念界定

◈ 农村经济合作组织的分类

肇始于20世纪70年代末期的中国农村改革，使得以家庭联产承包责任制为核心的双层经营体制在农村得以确立。这种制度克服了人民公社组织的激励无效和监督无效等弊端，重塑了农户家庭的微观经营主体地位，从而极大地促进了农村经济的发展。

但是，随着农村经济体制改革的不断深入和社会主义市场经济体制的逐步确立，这种全国统一的、单一的经济组织制度开始逐渐显露出其本身的缺陷和不完善，主要表现在：一是"集体缺位"，导致"双层经营"有名无实。集体经济组织的经济服务功能严重退化，农村道路桥梁、农田水利建设等公共产品供给受到限制，农村社会出现了一定程度的凋敝。二是分散的农户小生产与大市场之间的矛盾越来越突出。家庭联产承包责任制这种土地细分模式虽然适应了当时我国农业的生产力水平，但从本质上来讲，"它确实是小生产的复归"[①]。这种小农经济阶段的独立、分散的生产经营模式，导致了农业生产的组织化程度较低，这不仅阻碍了农业生产专业化分工的发展，而且使得农户的市场主体地位难以确立，高昂的交易费用导致农民进入市场的困难越来越大。此外，分散的农户对于瞬息万变的市场信息难以把握，市场价格风险对农民的冲击越来越大，这使得农业生产中的蛛网模型呈发散状，加剧了农业生产的波动，从而导致了小生产和大市场之间的矛盾越来越突出。三是农民增收困难。家庭联产承包责任制使得农业生产经营的细碎化程度越来越严重，这使得本来就处于弱势群体的农民在市场竞争中的谈判能力和自我保护能力越来越弱，受到其他市场主体和非市场主体挤压的现象越来越严重，经济利益几乎全被产品销售链条上的下游和终端组织剥夺，导致了农民增产不增收现象频发，大多数农民一直在脱贫致富的道路上徘徊不前。再加上我国加入 WTO 后，农产品进口关税逐步降低，农业领域开放程度越来越高，广大农民正面临着全球市场的

① 石磊：《中国农业组织的结构性变迁》，山西经济出版社 1999 年版，第 114 页。

挑战。

所有这些表现，实质是千家万户分散的小生产与千变万化的大市场之间的矛盾。根源在于分散经营的小农户太弱小，经济实力太单薄，农业产业的自然特点又使得农户的生产经营极易陷入不利的贸易条件陷阱，并难以顺畅其与分散的消费者之间的通道。所以，要解决小生产和大市场的有效对接，直接、真正代表农民利益的组织建设是当务之急。①

如何把“一盘散沙”的小农组织起来有效地参与市场竞争，从而提高农民的组织化程度，真正改变其自身的社会经济地位和市场地位，并实现传统农业向现代农业的顺利转变，已成为摆在我们面前亟待解决的重要课题，而农村经济合作组织的创新则成为了破解这一难题的关键所在。市场经济条件下的商业化农业生产，客观上要求农民采取行动组建自己的协会和组织来帮助他们应对各种挑战。事实上，世界上绝大多数农民都通过农民合作社和农民协会等形式把自己组织起来，并从中获得巨大的收益。

自20世纪80年代中后期以来，我国各种农村经济合作组织像雨后春笋般地建立起来。与独立生产经营的小农经济形态的农产品生产与销售不同，作为农村经营体制和组织方式的重要创新模式，农村经济合作组织形式因其在提高农业生产效率、加强先进农业生产技术普及、节约农民交易成本、开拓农产品销售市场、增强农产品市场竞争力和影响力等方面，具有无可比拟的优越性，已成为当前我国农村中最具活力和影响力的产业组织形式。这不仅将增强农民在市场竞争中的话语权和影响力，提升农民的社会地位，更重要的是还可以有效带动农村发展，提升农民素质，从而促进农村精神文明和政治文明建设。

第一节　农村经济合作组织的概念界定

目前，对农村经济合作组织的内涵和外延并没有明确的法律界定，组织制度的安排也显示出很大的差异性。“同一结构功能的组织有着不同的称谓，同

① 赵继新：《中国农民合作经济组织发展研究》，中国农业大学博士毕业论文，2003年。

一称谓的经济组织也有着不同的组织内容，即便是功能结构相近的同类组织，因外部生存条件不同，其运行机制和操作状态也千差万别。”[①] 据世界银行对中国的调查发现，在我国，农村经济合作组织的名称有9种以上的界定，包括农民协会、农民专业协会、农民专业合作社、农民专业合作组织、农民合作社协会、农民合作社经济组织、农民经济自助组织、以农民为基础的企业或公司以及“以农民为核心的成立的其他专业组织”等。[②] 这些组织虽然名称不尽相同，但都凸显出了两个共同的特征，即“合作”和“经济组织”。

所谓合作，辞源中解释为“两个或两个人以上共同创造”的意思，而英文中合作一词（Cooperation）是协作、共同行动的意思。把中外文广义合作的概念结合起来看，合作是两人或两人以上融洽的共同工作，达到他们设想的创造目的。[③] 合作具有自愿性、自主性和自助性，也就是说，它是合作组织成员为了达到共同目的，自己动手互相帮助的一种行为。

所谓经济组织，是一个非常宽泛的经济学名词。它泛指一切从事经济活动的社会团体，大到跨国公司，小到三两人的合伙生意，都在其范畴之内，可以说是五行八作，三教九流，无所不包，概无例外。本研究中的农村经济组织，不是这种广义的经济组织，而是有其特定的含义和范畴。它特指农村微观经营组织和服务组织，即在农民和市场的联结中起着桥梁和纽带作用，对农业生产和产品的销售有着重要的组织、服务与协调功能的各种经济组织。

将“合作”与“农村经济组织”的相关概念进行综合，我们可以对本研究中的农村经济合作组织的概念进行界定：它是指农民基于自我利益发展的需要，按照自愿、公平、民主、互利等原则，以独立的身份进行的自愿联合与互助合作的经济经营组织，它们致力于通过提高农业生产或营销的有效性和效率来增加成员的收入，体现了国家与村社退出农村生产领域后的农民合作。

---

① 夏英、宋彦峰：《农村商品的绿色通道：农村市场流通与税收》，中国税务出版社2009年版，第76页。

② 世界银行：《中国农民专业协会回顾与政策建议》，中国农业出版社2006年版，第13页。

③ 俞家宝：《农村合作经济学》，北京农业大学出版社1994年版，第23页。

实践中，我国农村经济合作组织的形式十分复杂，既有农民之间的联合和合作，也有农民和外部组织的联合和合作。本研究将农民之间的联合和合作，或建立在与农民的广泛联合和合作基础之上、在农民和市场的联结中发挥着桥梁和纽带作用、对农业生产和产品的销售有着重要作用的组织都统称为农村经济合作组织。

第二节　农村经济合作组织的分类

根据定义，按照在农村经济合作组织组建和运作过程中起主导作用的主体不同，本研究将我国农村经济合作组织分为三种类型：一种是农民之间建立的专业合作社，一种是专业协会（农民协会），还有一种则是龙头企业与农户之间的合作（股份合作组织）。我国现有的农村经济合作组织以合作社为主。

一、农民专业合作社

合作社是农村经济合作组织的主要表现形式。关于合作社的定义，国内外学者给出了许多表述，其中得到公认的是 1995 年国际合作社联盟第 31 届代表大会对合作社做出的原则性定义：合作社是人们自愿联合、通过共同所有和民主控制的企业，来满足社员经济、社会和文化方面的共同需求和渴望的自治组织。为了准确理解这个定义，国际合作社联盟还对此做了详细说明：第一，合作社是自治组织，它尽可能地独立于政府和私营企业。第二，合作社是“人的联合”，世界上许多基层合作社只允许单个“自然人”加入，但联合社允许“法人”加入，包括公司。通常联合社的社员就是其他合作社。第三，人的联合是“自愿的”，在合作社的目标和资源内，社员有加入和退出的自由。第四，“满足共同的经济、社会和文化方面的需求”，这一规定强调了合作社是由其社员组织起来，并着眼于社员。社员的需要可能是单一的和有限的，也可能是多样的；可能是社会的，也可能是纯经济的。但不管是什么需要，它们是合作社存在的主要目的。第五，合作社是一个“共同所有和民主控制的企业”，合作社所有权是在民主的基础上归全体社员。这个特点是区分合作社与其他组织如股份制企业和政府管理的企业的主要所在。该定义被公认为是关于合作社概念的国际性标准，并得到国际劳工组织《合作社促进建议书》的完全认可。

可见，合作社既是具有法人地位的生产或经营企业，又是群众性的社团组织，并且拥有自己特有的组织原则和章程。所以，不是任何一种合作组织如合作企业、合伙企业、经济联合体等，都能够称为合作社。从合作生产经营到组成合作社组织，必须具备上述条件，并需要一个形成和发展的过程。

根据这个定义和详细说明，可以理解为："合作社作为一种自治性的经济和社会组织形式，其社员具有多元性，既包括自然人，也包括合作社本身和其他社会组织；其制度特征是人们自愿联合、共同所有、团结互助和民主管理；其价值特征是满足其成员共同的经济和社会需求"[①]。因此，合作社是根据合作原则由独立的生产者联合组建的，以优化社员（单位或个人）经济利益为目的的"用户所有、用户控制和用户受益"的非盈利企业形式。

在西方国家的农业领域中，合作社占据重要地位，欧美发达国家80%以上的农场主参加了1个以上不同类型的合作社，农民1/3以上的生产资料通过合作社采购，1/3以上的农产品通过合作社加工和销售。在欧盟，合作社约有44620个；在美国，合作社的业务量每年在200万农场主之间产生1000亿美元总收入。[②] 据统计，1993年美国合作社的市场份额占奶制品的85%、棉花产品的35%、谷物/花生的42%、水果/蔬菜的21%、牲畜的10%。[③] 因此，西方国家有关合作社的立法也较为完善，许多国家都对合作社有比较明确的定义。比如，荷兰将合作社定义为"长期从事经营活动的农民组织，共同核算，共同承担风险，同时保持农业活动的独立性以及使有关的经济活动尽可能多地获得利润"。法国1972年立法对合作社的界定是"农业合作社及其合作社联盟

---

① 秦庆武：《村民自治与农村合作经济组织》，山东人民出版社2006年版；蒋辉宇、许淑芬：《合作社与相关经济组织比较研究》，载《法治研究》2008年第2期。

② 刘勇：《西方农业合作社理论文献综述》，载《华南农业大学学报》（社会科学版）2009年第4期。

③ 林坚、马彦丽：《农业合作社和投资者所有企业的边界——基于交易费用和组织成本角度的分析》，载《农业经济问题》2006年第3期。

是不同于民事企业的一类特殊企业，它具有独立法人权利和完全民事权利”。“农业合作社的目的是农民共同利用便于发展其经济活动的相关手段，以扩大该经济活动的效益。”在美国，按照被称作“合作社大宪章”的《卡帕——沃尔斯坦德法》的规定，合作社是农业生产者在自愿基础上成立的互利组织，它必须符合以下条件：第一，坚持互利原则；第二，实行一人一票和（或）红利分配每年不超过8%；第三，为非社员处理的农产品的价值不超过为社员处理的农产品的价值。①

2007年7月正式实施的《中华人民共和国农民专业合作社法》，将农民专业合作社定义为：在农村家庭承包经营基础上，同类农产品的生产经营者或者同类农业生产经营服务的提供者、利用者，自愿联合、民主管理的互助性经济组织。农民专业合作社以其成员为主要服务对象，提供农业生产资料的购买，农产品的销售、加工、运输、贮藏以及与农业生产经营有关的技术、信息等服务，而且农民专业合作社需在工商部门登记为企业法人。从这部立法上可以看出，农民专业合作社本质上是一种有限责任公司，成员以其账户所记载的出资额和公积金份额为限对农民专业合作社承担有限责任，农民专业合作社仍然坚持一人一票和按惠顾额返利的合作社基本原则。

纵观国际合作运动发展现状和各国有关合作社立法，可将合作社归纳为：第一，合作社的地位是具有法人资格的经济组织；第二，合作社的主体是直接从事农业生产的广大农民；第三，合作社宗旨是实现社员之间的互助互利，为社员提供全面服务；第四，合作社的组织原则是入社自愿、退社自由，所有权归社员共同拥有，实行民主管理，重大问题必须由其成员共同决策；第五，合作社的经营方式是以农户家庭经营为依托，为农户家庭经营提供产前、产中和产后服务，其所获利润主要按照各成员发生交易量的比例返回，如发生亏损，也主要按相同比例分摊。②

一般来说，按内容划分，合作社可分为生产合作社、流通合作社、信用合作社和服务合作社：第一，生产合作社。即从事种植、采集、养殖、渔猎、牧

---

① 蔡润英：《农业合作社定义及其法律地位探析》，载《企业经济》2006年第3期。

② 蔡润英：《农业合作社定义及其法律地位探析》，载《企业经济》2006年第3期。

养、加工、建筑等生产活动的各类合作社。如农业生产合作社、手工业生产合作社、建筑合作社等。第二，流通合作社。从事推销、购买、运输等流通领域服务业务的合作社。如供销合作社、运输合作社、消费合作社、购买合作社等。第三，信用合作社。即接受社员存款贷款给社员的合作社。如农村信用合作社、城市信用合作社等。第四，服务合作社。即通过各种劳务、服务等方式，提供给社员生产生活一定便利条件的合作社。如租赁合作社、劳务合作社、医疗合作社、保险合作社、利用合作社等。①

需要说明的是，我们这里讨论的我国改革开放后组建的农民专业合作社与20世纪50年代农村进行社会主义改造阶段兴办的初级生产合作社、高级生产合作社以及后来的人民公社是有本质上的区别的。今天的农民专业合作社强调合作社的兴办应遵循国际公认的合作社原则，如强调社员的自愿联合，社员有加入和退出的自由、社员之间的互助等，而那时开展的合作化运动以及成立的合作社则是强制的结果。当时建立的合作社将土地、生产工具、耕畜等生产资料收归国有，由合作社实行统一生产经营、统一核算和分配；农民的意愿表达权被剥夺，进入、退出都受到强制性约束。这种政社合一、不准社员自由退出的合作社当然不是真正的合作化，它完全违背了国际公认的合作社原则，已经不能称为真正的农村经济合作组织。

此外，新中国成立初期组建的供销合作社，在创立之初是农民的合作经济组织，但其后随着计划经济体制的建立和强化，逐渐变成了国有商业的组成部分，早已脱离我们所讨论的真正意义上的合作组织的概念，其农民合作经济的实质不复存在。而新中国成立初期组建的农村信用合作社，从一开始就不是真正意义上的合作制，而是以行政指令组合而成的名义上的合作组织，从一开始就不符合“自愿、互助合作、民主管理”等合作制原则规范，后又逐步变成了国家银行的附属机构，因而其并非真正意义上的合作金融组织。

二、农民协会

如果说合作社是指根据合作原则建立的以优化社员（单位或个人）经济

① 谭启平：《论合作社的法律地位》，载《现代法学》2005年第4期。

利益为目的的非盈利企业形式，那么农民协会则主要是指具有经济职能的农民协会，它们致力于通过提高农业生产或营销的有效性和效率来增加会员的收入。二者的根本区别在于协会的直接目的不在于经济利益，而只是为农民提供技术服务以及新品种、新技术的推广。

农民协会包括专业协会与行业协会两种组织形式。其中农民专业协会也被称为“专业技术协会”，它们是在中国农村改革开放以来最早出现的，由从事专业生产的农民在自愿基础上按照统一章程缴纳会费而组建的自助性专业服务合作组织，是一种比较松散的合作经济组织形式，包括协会和研究会。这种合作组织主要是向成员提供农业技术服务和进行新品种、新技术的推广。由于支持和推动建立经济合作组织的部门或组织不同，农民专业协会的具体名称也存在一些特点和规律性。中国科协协助提供技术服务的协会多数称为“专业技术协会”，地方政府或农业相关部门提供支持的协会多数称为“专业协会”。绝大多数专业协会是在民政部门登记，注册为社团组织。专业协会一般每年向社员收取一定数量的会费，以提供技术、信息、运销服务为主。根据《社团登记管理条例》的规定，社团组织受到经营范围的限制，大多数专业协会不直接为社员销售产品，没有销售收入，因此没有利润分配。它们往往并不要求社员或会员入股，一般没有什么经济实体，实力较弱，只开展一些简单的技术服务和信息交流工作，一般没有专职的工作人员，由政府部门或职能部门负责人或某些有能力的人兼职任负责人开展工作。但随着其自身实力的不断增强，也逐渐涉及其他产前、产后服务，技术经济合作色彩逐渐浓重。一般来说，这类合作组织容易组建，也很容易瓦解，表现出很大的不稳定性。

行业协会一般指农产品行业协会，它是由“从事同一农产品生产、加工、销售的生产者和服务的提供者为增进行业共同利益，提供各方面经营、服务为主要内容，自愿组织起来的松散的社会团体。农产品行业协会的主要职能是行业内部的组织、协调、服务和监督，具体内容包括：第一，协调行业内部经营主体之间的各类矛盾；第二，在政府与经营者之间发挥桥梁和纽带作用；第三，编制行业发展规划，制定行业规范和行业标准；第四，开展信息和市场销售方面的服务；第五，开展技术指导、推广和培训工作；第六，协调行业竞争，避免无序竞争等。严格说来，农产品行业协会既不是专业协会，又不是合作社，也不属于农民专业合作经济组织。其成员不是以农民为主，而是主要由同一产业的企业组成。更重要的是，农产品行业协会还负责制定行业规范和行业标准，是在代表政府行使对某一行业的管理和监督职能，而非互助互利性的合作经济组织”①。

从以上对农民协会与农民专业合作社概念的界定中，可以看出，二者不在于是否进行交易或交易量上，而在于共同处于一个经济实体内的经济主体之间利益关系的维系是否以共有产权为基础和纽带。“这一点才是农民专业合作社与农民专业协会的根本区别：前者是基于产权结合的交易合作，后者则是非产权结合基础的服务联合。”②

三、股份制合作组织

在我国，农村经济合作组织除了包括农民之间的合作外，越来越多的合作形式是企业与农民之间的合作，尤其是行业中的龙头企业与农户之间的合作，这种合作通常以股份制合作社的形式存在。

股份制合作社是指由农民以及其他有关部门或单位共同出资成立的股份合作制性质的合作社，是股份制与合作制的结合，其股权结构是实行身份股和投资股（也有些合作社称之为普通股和优先股）相结合。股票的持有人就是合作社的股东和所有者，股票是股东股份所有权证明，可以买卖、转让或继承。股份合作社成员不能退出合作社，只能通过出售其所有的股票的办法与合作社脱离关系。一般来说，股份制合作社由企业、农技推广单位、基层供销社等出资作为股东，再吸收少量的社员股金组建成股份合作社。股份合作社多数有自己的企业，在工商管理部门登记为企业法人。目前，大多数股份合作社是按保护价收购农产品，按月结算，年底分配以股份份额分配为主，并根据交易额辅

① 朱艳：《中国农民专业合作经济组织制度及变迁的探索分析》，东北财经大学博士学位论文，2009年。

② 郭东红、徐旭初、邵雪伟、陆宏强：《我国农民专业合作经济组织发展的完善与创新——基于对浙江省实践的分析》，载《中国软科学》2004年第12期。

以一定量的返利。①

这种融合了股份制和合作制两种成分的组织形式，从其性质来看属于经济合作组织的一种类型，在实践中一般由专门从事农业营销、加工、服务的企业（或产业大户、能人等）来主导建设，它们通过签订合同，在合作社与社员之间建立起稳定的购销关系。实践证明，这种经济合作组织形式，对于维持和保证农民的收入来源、稳定企业的货源或销路是十分有益的。但是，这种制度设计容易导致股份过于集中在个别大户或个别组织手里，因为它一般由处于主导地位的企业进行控制，并负责管理，选举一般不起作用，而社员则不入股或入少量“资格股”，并且存在“核心社员”与“一般社员”之别。因此，在这种制度安排下通常会出现“一股独大”的现象，小股东社员的利益难以得到保障。反之，如果在制度设计上股份过于分散，显然又很难调动生产大户和经营管理人员的积极性，形不成核心，同时占股份极小的众多社员因其合作社利益很难实现，因此也无法调动他们的积极性，实现社员之间的紧密结合。由此可见，在股份制经济合作组织中，如何实现龙头企业（产业大户）与分散农户在管理、监督以及利益安排上的平衡，是这一形式日后在制度设计和发展过程中的一个重点和难题。

从总体来看，股份制合作社与农民专业合作社在制度方面既有联系，又有区别。二者的相同之处表现在三个方面：第一，股份制合作社的成员加入自愿、退出自由；第二，它以为成员服务为宗旨；第三，它是生产者的联合，并在较大程度上实行了企业客户与企业所有者身份的统一。只有利用合作社生产销售服务的人才能成为正式社员，如果仅仅是为了取得高的投资回报率向合作社进行投资，而没有与合作社发生业务往来，就只能成为一名股东而不能成为合作社的正式社员（有些研究资料称股东为“核心成员”，称正式社员为“一般成员”）。此外，合作社董事会由合作社成员（股东）选举产生，合作社决策较大程度上反映合作社（客户）的意志，因此合作社的利益与合作社成员的利益基本一致，在这一点上它具备了传统合作社的部分特征。股份制合作社

① 徐旭初：《农民专业合作经济组织的制度分析——以浙江省为例》，浙江大学博士学位论文，2005年。

与农民专业合作社不同之处在于：第一，有些股份制合作社对股东（核心成员）的退出有一定限制，例如须在一个农业生产周期结束时方可退出，并且合作社的股份中有一部分不能退还，只允许转让；第二，分配方式是以按股份分配为主、按交易量（额）返利为辅；第三，决策制度不实行绝对的一人一票制，而是在一人一票制的基础上增设附加表决权，根据入股额的大小和交易量（额）大小行使投票权。①

① 王阳：《中国农民专业合作经济组织发展研究》，西南财经大学博士学位论文，2010 年；朱艳：《中国农民专业合作经济组织制度及变迁的探索分析》，东北财经大学博士学位论文，2009 年。

第三章 CHAPTER 3

我国农村经济合作组织的发展历程

◇ 农村经济合作组织在新中国的初步发展阶段（1951 年到 1956 年）

◇ 农村合作社运动曲折发展时期（1957 年到 1978 年）

◇ 改革开放后我国农村经济合作组织的发展现状（1978 年至今）

自新中国成立以来，我国农村经济合作组织的发展历程大致可以分为三个大的阶段：第一个阶段是农村经济合作组织在新中国的初步发展阶段（1951年到1956年）。此时农村的合作组织发展迅速，并且基本符合农民的意愿，对农业经济的发展起到了积极作用。第二阶段是农村合作运动曲折发展时期（1957年到1978年）。在这个阶段，合作化运动逐渐偏离正确轨道，农民退出权的缺失和政治意识形态的力量，逐渐使合作社出现违背合作制自愿原则、急于过渡、硬性拔高现象，在很短时期内由初级社到高级社再到人民公社，跨越式进入共产主义“大同社会”。这种非常规发展方式，严重挫伤了农民的生产积极性，使农业生产严重受损，最终导致人民公社体制的土崩瓦解。第三个阶段（1978年之后）是农村经济合作组织的发展回归本原的新阶段。实行家庭联产承包责任制后，农村经济合作组织的发展出现崭新态势，大量的合作组织在农民自愿、自发的前提下，如雨后春笋般迅速发展，呈现出了旺盛的生命力和巨大的发展潜力。[①]

不同阶段的农村经济合作组织，因其特定的历史背景和经济条件，呈现出了各自不同的特点。只有对不同阶段中国农村经济合作组织发展的概况和特点进行梳理和总结，以史为鉴，才能更清楚地了解未来中国农村经济合作组织的发展方向。

第一节　农村经济合作组织在新中国的初步发展阶段（1951年到1956年）

新中国成立之后，中国政府在全国范围内进行了土地改革运动。这之后，根据马列主义关于农业合作化的理论，结合解放区农民进行互助合作的经验，并

① 王曙光：《农民合作社与农村制度变迁60年》，载《中国经济》2010年第3期。

利用农民走互助合作道路的积极性，我国在农村展开了一系列互助生产合作的实践。从互助组到初级社再到高级社以及后来的人民公社，这之中既有成功的经验，也有失败的教训。这一段无法抹去的历史，对中国农村生产力的发展和实行家庭联产承包责任制后新农村经济合作组织的建立与成长，产生了深远的影响。

一、农村经济合作组织发展概况

新中国成立后，广大农民虽然通过土地改革分得了土地、耕畜、农具等生产资料，成了自耕农，但农业生产仍面临重重困难，如农业商品化程度低，小生产的小农经济占据主要地位；缺少农业机械，农业生产新技术难以普及，导致土地得不到有效使用，无法实现合理耕作，因而抵抗自然灾害的能力较弱；农业劳动生产率低、积累少，缺少购买先进工具所需的资金，因而没有扩大再生产的能力，只能在简单再生产中徘徊等。这种以一家一户为生产单位的小农经济，束缚了生产力的继续发展，阻碍了农业现代化的实现。据统计，“土地改革以后，农业生产虽然发展较快，但 1952 年恢复到 1936 年的水平后，农业生产的发展速度就降下来了。1953 年比 1952 年粮食只增长 1.8%，棉花下降 9.9%，1954 年比 1953 年粮食仅增长 1.6%，棉花下降 9.3%”①。这种低水平的农业生产显然无法满足当时工业化建设以及民众更好生活所需。为了更快、更好的发展农业生产，广大农民产生了互助合作的要求。此外，土地改革后，农村的小农经济出现了阶级分化的现象。新富农已经到处出现，而有些贫农则因为生产资料不足，或因为遭遇了一些困难，仍然处于贫困地位，甚至出卖土地。

为了避免重新出现借高利贷和典让、出卖土地的现象，消除两极分化，中国共产党和人民政府在确定地权、保护私有、充分发挥农民个体经营积极性以巩固土地改革成果的同时，也十分注意提倡和鼓励农民在保持生产资料私有的基础上，根据自愿互利的原则实行各种形式的生产互助合作，并组建供销合作社以进行工农业产品交换和农副产品余缺调剂，来解决农民在生产、生活中遇到的困难，达到发展生产、改善生活的目的。中国共产党适时向广大农民发出了“组织起来，走农业合作化的道路”的号召。

---

① 俞家宝：《农村合作经济学》，北京农业大学出版社 1994 年版，第 109 页。

这一时期，中国农村合作组织的发展采取了“三步走”战略：第一步是互助组阶段（1952年年底至1953年年底），这是中国农村经济合作组织最初的萌芽时期。中共中央在1951年9月召开全国第一次农业互助合作会议，讨论并通过了《中共中央关于农业生产互助合作的决议（草案）》，要求各级党委根据生产发展的需要和可能的条件，按照积极发展、稳步前进的方针和自愿互利的原则，逐步引导农民走集体化的道路。1952年10月，又召开全国第二次农业互助合作会议，对上述《决议（草案）》进行了修改，1953年2月经中共中央通过成为正式决议。《决议》一开头就指出：“农民在土地改革基础上所发扬起来的生产积极性，表现在两个方面，一方面是个体经济的积极性，另一方面是互助合作的积极性。”《决议》要求按自愿、互利的原则，号召农民组织带有社会主义萌芽性质的、几户或十几户的农业生产互助组。在这些政策文件的指引下，我国农业生产互助合作运动迅速发展起来。1952年当年加入互助组户数就达到4536.4万户，占全国总农户的39.9%；1954年增加到58.3%，其中多数是临时互助组。虽然从1952年起，全国各地都有一些初级农业生产合作社的建立，但在这个阶段，农业互助合作运动的主流是建立互助组。互助组对农业生产的促进作用也是十分明显的。自开展建立互助组以来，1952年当年的粮食、棉花、油料、糖料四种主要农作物的总产量分别达到16392万吨、130.4万吨、419万吨、759万吨，比1949年分别增长了44.8%、193.7%、63.7%、168.2%。

第二步是初级生产合作组织阶段（1953年年底至1955年上半年），这是中国农村经济合作组织的进一步发展时期。办互助组的目的是为农业合作社的发展做准备条件，目的是引导农民“在个体经济的基础上逐步实行劳动互助和建立生产合作社，逐步过渡到集体经济的道路”。过渡的形式是通过“由临时互助组到常年互助组，再到土地入股的农业生产合作社，然后到完全社会主义、更高级的农业生产合作社”。1953年12月6日，中共中央发布《关于发展农业生产合作组织的决议》，号召在互助组的基础上，组织以土地入股和统一经营为特点的、小型的半社会主义性质的初级农业合作组织。决议总结了办社经验，进一步指明了引导个体农民经过具有社会主义萌芽的互助组到半社会主义性质的初级社，再到完全社会主义性质的高级社。在决议的指导下，农业生产合作社从试办时期开始进入发展时期，全国初级的农业生产合作组织由

1953 年 12 月的 14000 多个暴增到 1954 年春的 95000 多个。[①] 1954 年 10 月举行的第四次全国互助合作会议，把当年 4 月第二次全国农村工作会议所制定的发展 30 万合作社计划改为发展 60 万个合作社。同时决定，等到 1957 年半数以上农户入社后再部署转高级社问题。一时间，许多地区形成了一股办社热潮，其中出现了冒进问题。针对合作社大发展出现的问题，中共中央于 1955 年 1 月 10 日发出《关于整顿和巩固农业生产合作社的通知》。同年 3 月，中共中央和国务院指示"把农村合作化的步骤放慢一些"。毛泽东亲自主持了"停、缩、发"方针的实施安排。[②] 1955 年春，农业社猛增到 67 万个，经过初步整顿，到 6 月底保留了 65 万个，全国合作社数量减少 2 万多个。从实际效果来看这个方针在一定程度上保证了合作化运动的健康发展。

第三步是高级生产合作组织阶段（1955 年下半年至 1956 年年底），这一阶段是农业合作化的高潮时期。这一阶段要求在初级社的基础上，进一步组织大型的完全社会主义性质的高级社。高级社是在初级社的基础上发展起来的集体农庄式的集体经济组织。以 1955 年 7 月 31 日毛泽东所作的《关于农业合作化问题》的报告为转折点，农业合作化进入高潮阶段。在这份报告中，毛泽东指出要想解决年年增长的商品粮食和工业原料的需要同现时主要农作物一般产量很低之间的矛盾，要想完成社会主义工业化，就必须在大约三个五年计划的时期内基本上解决农业合作化的问题。1955 年 10 月 11 日中共中央发布了《关于农业合作化的决议》，加速了农业合作化高潮的到来。1955 年 11 月 9 日由第一届人大常委会审议通过了由农村工作部起草的《农业生产合作社示范章程》，使其成为法律，进一步促进了农业合作化的发展。同年，毛泽东主持选编的《中国农村的社会主义高潮》一书的出版，在全国掀起了农业合作化的高潮。到 1955 年年底全国参加合作社的农户达 1692.7 万户，占农户总数的 63.4%，但合作社中绝大部分仍是初级社。为了适应合作化的发展形势，1956 年 6 月 30 日，第一届全国人民代表大会第三次会议通过了《高级农业生产合

① 陈柳钦、胡振华：《中国农村合作组织的历史变迁》，载《农业经济问题》2010 年第 6 期。

② 高广滨：《中国新型农民合作经济组织发展的经济学思考》，吉林大学硕士学位论文，2005 年。

作社示范章程》，规定高级社是在初级社的基础上发展起来的集体农庄式的集体经济组织。至此，全国迅速掀起了小社并大社、初级社转为高级社的热潮，高级社开始得到迅速的发展。1955 年年底，入社农户由春耕时的 14% 增加到 60% 以上，共 7000 多万户，组成 182. 4 万个社，其中高级社从 259 个发展到 2. 9 万多个。到 1956 年年底，参加农业合作社的农户达到 1. 18 亿多户，达 96. 3%，高级社一下猛增到 54 万个，占入社总户的 87. 8%。至此，原计划用三个五年计划的时间或更长一段时间完成的农业社会主义改造，实际上从 1951 年年底算起，只用不到 5 年的时间就基本完成了。

实事求是地说，这场声势浩大的农村互助合作化运动，在从互助组到初级社这两个阶段上，还是一场在考虑农民是否自愿的前提下，以政府为主导的渐进式变迁。但后期到高级社的发展阶段上，则是以运动方式来搞合作化，合作化的过程过快过粗，严重违背了“入社自由、退社自由”的合作组织原则。这其实是一场“由政府强制推动、根本不顾及农民感受的突进式变迁”①。这为后来在农业生产及其合作组织问题上的“左倾”冒进错误埋下了伏笔。② 但这一时期的农业合作化运动，从总体上来说还是大大提高了农业的劳动生产率，使农业生产得到了迅速发展。

表 3－1　　农业生产发展情况（1954—1957 年）③

年份	农业总产值（亿）	粮食（万吨）	棉花（万担）	油料（万担）	大牲畜年底头数（万头）	猪年底头数（万头）
1954	516	16052	2129. 8	8610. 0	8530	10171
1955	555	18395	3036. 9	9658. 0	8775	8792
1956	583	19275	2890. 3	10171. 0	8773	8403
1957	604	19505	3280. 0	8391. 9	8982	14599. 5

① 赵继新：《中国农民合作经济组织发展研究》，中国农业大学博士学位论文，2003 年。

② 徐智环：《我国农村合作组织的变迁及其路径选择》，载《广播电视大学学报》（哲学社会科学版）2004 年第 4 期。

③ 俞家宝：《农村合作经济学》，北京农业大学出版社 1994 年版，第 113 页。

二、农村经济合作组织的形式

这一时期的农业合作化遵循着由低到高、逐步发展的过程，由互助组到初级社再到高级社逐步过渡的道路。虽然这三种形式都是互助合作的形式，但其性质、特点、作用却存在差别。

（一）互助组

互助组，又称“劳动互助组”，是劳动农民在个体经济所有制基础上，实行生产劳动互助的、带有共同劳动的、社会主义萌芽的互助合作组织。[①] 互助组的形式比较简单，主要特征是不改变土地及生产资料的私有性质，农户间按照自愿互利的原则结成劳动、农具和耕畜等生产要素的互助关系，生产决策也由农民自己做出。一般来说，互助组可以分为两种形式：第一种是为了适应农忙需要组织的简单的劳动互助，它属于临时性的、季节性的变工互助；第二种是比较固定的常年互助组。“它们中有一部分开始实行农业和副业的互助相结合，有某些简单的生产计划，随后逐步把劳动互助和提高技术相结合，有某些技术的分工，有的互助组还逐步设置了一部分公用农具和牲畜，积累了少量的公有财产。这种形式一般是在互助合作有一定基础的地方，由搞得好的临时互助组发展起来的。”[②]

互助组一般由几户或十几户农民组成，除少数的常年互助组共同购买了少量的共同使用的生产资料外，绝大多数的互助组内的每户农民仍然是在生产资料私有制基础上独立经营的个体经济。互助组根据等价交换的原则，在组内实行劳力、畜力和其他生产资料之间的调剂互助，可以以工顶工，或人畜力互换，也可以按市价补偿。这种建立在生产资料私有制基础上的简单初级的互助合作，在实践中经常面临个体经营与集体劳动的矛盾。农忙最需要互助时，经常各顾自己，很难互助，农闲又想“互助”。

尽管这种互助形式存在诸多不足，但它仍然对当时的农业生产起到了积极的推动作用：例如有些农活集体劳动可以发挥简单协作的作用，对抢农时、抗

---

① 俞家宝：《农村合作经济学》，北京农业大学出版社 1994 年版，第 117 页。

② 赵继新：《中国农民合作经济组织发展研究》，中国农业大学博士学位论文，2003 年。

旱涝病虫灾害有特别重要的作用；有利于农闲时开展副业生产；有利于交换生产经验和耕作技术等。

（二）初级农业生产合作社

初级农业生产合作社，简称初级社，是以土地入股为特点的农业生产合作社，也被称为“土地合作社”。它是在常年互助组的基础上发展起来的一种合作组织形式，有公共的改良农具和新式农具，有一定的分工分业，生产上统一使用土地。

这种合作社的特点表现在以下几个方面：第一，土地私有，并按土地的质量、数量折股入社，交社统一使用，统一经营，年终按土地入社股份参与产品分配。第二，大部分初级社的耕畜、农具实行私有，由社统一使用，合作社按当地租价租用，或按当地市价收买。第三，实行集体劳动，统一使用全社劳动力。第四，产品实行统一分配，扣除税金、公积金、公益金后，按劳动和土地的比例分配。一般实行劳动力、土地各按50%的比例分配。

初级社既保留了私有的性质，又实行合作社统一经营，是一种具有更多的社会主义因素的互助合作的组织形式，这被称为半社会主义性质。虽然初级社在中国合作运动史上存在的时间很短暂，但它解决了互助组分散经营与共同劳动之间的矛盾，而土地的统一化经营和管理方式，则大大提高了土地的使用效率。此外，统一利用劳动力，可以发挥不同层次和技能劳动力的专长，促进他们之间的协作，大大提高产量和劳动效率。由于合作社有了公积金，因此可以购买较为先进的生产工具，并进行土壤改良等农业基本建设。另外，随着合作社经营效率的提高，有了大量的剩余劳动力和较多资金，很多初级社都开展了副业生产，增加了农民收入。但更为重要的是，初级社让农民亲眼看到了合作社统一经营的优越性，增加了农民对合作经营方式的信心，为农业生产合作组织向高级社或完全社会主义合作社的过渡打下了良好的基础。

（三）高级社

高级社是在初级社的基础上发展起来的集体农庄式的集体经济组织，是具有完全社会主义性质的农业生产合作社。其特点表现在以下几个方面：第一，土地、木林、耕畜、大型农具等主要生产资料全部归集体所有，统一使用，统一经营。第二，允许社员拥有经营家庭副业所需要的少量生产资料（如零星树木、家禽、家畜、小工具等），经营少量自留地（一般不超人均土地数量的5%）。第三，社员入社的股份基金按劳动力分摊，社员可以用自己入社生产资料应得补偿代价，抵交应缴纳的股份基金。股份基金记在个人名下，不计利息，退社时可以抽回。第四，生产队实行“四固定”。即生产队的成员固定、土地固定、农具固定、牲畜固定和副业生产固定。第五，产品实行完全的按劳分配，即合作社全年的收入和实物，扣除规定的纳税和社留公积金、公益金外，其余部分按劳（工分）分配。

可以看出高级社是以公有、集中统一经营为特征的产权结构和组织制度安排，农户除保留自留地（占土地的5%）的使用权外，土地和生产资料完全实行集体化。这使农户的私有产权基本消失，各项资产的所有权、使用权、收益权、处置权均归集体所有。对土地、生产资料的强行或压低价格的“归大堆”做法，侵犯了农民的私有产权，因此，这样的产权结构很难激发成员参与的积极性。此外，在退出机制上，虽然1956年6月中央发布的《高级农业生产合作社示范章程》中规定社员有退社的自由，“社员退社的时候，可以带走他入社的土地或者同等数量和质量的土地，可以抽回他所缴纳的股份基金和他的投资”，但由于当时“左”思想支配一切，急于求成，强迫命令，搞一刀切，如果退社就必须面对相当程度的政治压力（因为当时已经把退社问题看成了“两条道路”的阶级斗争），这实际上是使社员丧失了退社的自由选择权。而在利益分配机制方面，高级社实行“各尽所能，按劳取酬”，不分男女老少、同工同酬的分配制度。但“所谓的集体劳动、包产和超产奖励责任制不能解决因产权不明晰带来的分配不合理问题，由此产生严重的激励不足，造成搭便车、磨洋工等机会主义行为泛滥”①。再加上高级社的摊子越铺越大，非生产人员增多，管理水平低，大大增加了组织的监督费用，造成合作社虽增了产，但社员的收入却没有增加现象的出现。

① 赵继新：《中国农民合作经济组织发展研究》，中国农业大学博士学位论文，2003年。

第二节　农村合作社运动曲折发展时期（1957 年到 1978 年）

一、发展概况

1957、1958 年冬季农村进行大规模农田水利建设，需要投入大量的劳动力和物力，要求跨越高级社的地缘限制来进行组织，而且建成后的使用也要与投入挂钩，再加上 1958 年春季提出的用 5—7 年时间，实现农业机械化的要求，由此产生了“并大社”的想法和做法，并被人们所接受。1958 年 4 月，中共中央发出了《关于把小型的农业合作社适当地合并为大社的意见》，揭开了公社化的序幕。1958 年 5 月，中共八大二次会议正式通过了由毛泽东提出的“鼓足干劲、力争上游、多快好省地建设社会主义”的总路线及其基本点，紧接着就掀起了“大跃进”运动。在开展“大跃进”运动的同时，在农村出现了人民公社组织。1958 年 8 月 29 日，中央政治局北戴河会议审议并通过了《关于在农村建立人民公社问题的决议》，决定把各地刚成立不久的高级农业生产合作社，普遍升级为一大二公、政社合一的人民公社。这项决议的下达，从政策上确定了人民公社在中国农村的合理存在，使人民公社化运动明朗化并将其推向了高潮。到 1958 年年底，全国农村的人民公社化已基本实现。从 1958 年夏季开始到 1958 年年底，在短短几个月时间内，全国 74 万多个农业生产合作组织被改组为 23630 个人民公社，加入公社的农民达 12861 万户，占全国农民总数的 99% 以上，有 94 个县以县为单位建立了联社性质的县人民公社。这一阶段的农村经济合作组织实际上已快速演变为集体化性质的高度集中的人民公社。

匆忙建立的人民公社超越了社会主义发展的历史阶段，强行加速了农业合作经济运行的速度，对农业生产造成了负面影响。事实上，毛泽东在人民公社建立的初期就认识到这一运动中的一些问题，并在 1958 年 11 月的郑州会议上提醒全党要划清社会主义和共产主义、集体所有制和全民所有制的界限，告诫全党商品生产和商品交换仍有存在的必要。此后，又在政治局上海会议通过了

《关于人民公社的十八个问题》的纪要，指出人民公社实行三级管理、三级核算。然而，随后不久的反“右倾”活动，对人民公社的调整工作造成了严重影响。1961 年 3 月，中共中央在广州召开的工作会议上通过了《农村人民公社工作条例（草案)》，确定了农村人民公社应采用“三级所有、队为基础”的体制。1962 年 2 月 13 日中共中央发布《中共中央关于改变农村人民公社基本核算单位问题的指示》，1962 年 9 月 27 日，中共八届十中全会通过了《农村人民公社工作条例修正草案》，这标志着我国农村正式确立了“三级所有、队为基础”的人民公社体制，同时这两个文件在一定程度上纠正了人民公社成立以来农村工作中的主要错误，并且在此后相当长的时间内，在遏制“共产风”方面起到了决定作用。

从实际效果来看，以生产队为基础核算单位的公社体制的建立，在调动了农民的积极性、恢复和发展农业生产方面发挥了重要作用。1962 年农业总产值按 1957 年不变价格计算达 430 亿元，比上年增长 6.2%，改变了前三年连续下降的局面。粮食总产量达到 16000 万吨，比上年增长 8.6%。但从根本上看，这一时期人民公社的一些体制弊端，诸如产权不明、平均主义、吃“大锅饭”等，也被保留并逐步“固化”下来，并持续了长达 20 余年。“这不仅使农村合作经济变异，没有了‘合作’的实质内容，而且使相当多的农民对合作组织产生了扭曲性的认识与恐慌感，对中国合作事业造成了持久的消极影响。”①

二、合作组织形式

这一时期的农村经济合作组织采取的是人民公社的形式。人民公社这一制度的特征是：

第一，一大二公。人民公社的特点叫做“一大二公”。所谓“大”，一指公社的组织规模大，把公社规模大作为衡量所有制水平先进的标志；二指经营范围广，农林牧副渔、工农商学兵五位一体。所谓“公”，指的是在主要生产资料归属方面排斥所有制的私人性质，追求纯粹的公有制。不仅原属于各个高级社所有的生产资料都无偿转归公社大集体所有，而且社员私有的生产资料也

① 陈柳钦、胡振华：《中国农村合作组织的历史变迁》，载《农业经济问题》2010 年第 6 期。

都收归公有。社员私养的家畜、家禽，经营的自留地都作为私有制的残余被取消或限制发展，或转归公有。一些全民所有制的银行、商店和企业下放给公社管理，并实行公共食堂、托儿所、幸福院等公共福利制度。

第二，实行政社合一。即“农村人民公社是政社合一的组织，是我国社会主义社会在农村中的基层单位，又是我国社会主义政权在农村中的基层单位”。各级管理者由行政任命，而不是由社员大会或社员代表大会选举产生。政社合一完全违反了社员入社的自愿原则，把经济组织与政权组织结合起来，必然出现以政代社的现象，从而导致管理权力高度集中、经营责任不明确、管理者常常无视经济效益、以行政手段管理经济业务的现象。

第三，分配上实行平均主义。主要表现在两个方面：一是分配上实行工资制与供给制相结合的平均主义“大锅饭”，其中供给制部分一般占60%—80%，工资部分则很少。这种分配方式实际上是奖懒罚勤，严重挫伤了农民生产的积极性。二是“共产风”，就是在公社范围内，村与村之间，队与队之间，在人力、物力、财力上实行无偿调拨，穷富拉平。经营一般是自给性的，很少发生市场交易，仅有的商品交换部分也是按照给定的计划价格由政府统购统销。

第四，集中与统一安排劳动力，限制农业劳动力流动。这样的制度安排就使组织上是政社合一，人民公社及其下辖的生产大队和生产小队既是农村的经济组织，又是农村基层政权组织，统摄其辖区内的政治、经济、社会活动，数亿农民之间不再具有明显的社会等级差异，每个农民都是“社员”，身份上同质。这种均质同构的状况，似乎使所有的农民都实现了平等，但在这貌似平等的表面却隐藏了许多社会问题，如限制农民流动，严重扼制了农民的个性发展和能力发挥；村社区之间的同质同构，失去了横向的功能互赖纽带；行政统摄，影响了农村各种资源的合理配置和有效利用，并且直接造成了组织运行的低效率。①

三、人民公社制度的经验与教训

从1958年11月建成人民公社，到1978年年底进行家庭联产承包责任制

① 赵继新：《中国农民合作经济组织发展研究》，中国农业大学博士学位论文，2003年。

的改革，再到1984年建乡撤社，前后共计26年的时间。人民公社多年的实践，给我们留下了深刻的经验和教训。对这些年的实践经验进行总结，对于我们认识农业合作生产的规律有重要意义，对指导今后农村经济合作组织的科学发展有直接的帮助。

人民公社这一经济合作组织形式，在“大跃进”背景和“大步迈向共产主义”口号的号召下，被异化成了一种集体化、政治运动的工具，成为了一个注重行政任务的行政组织，而忽视了其最主要的经济职能。这场带有浓郁政治色彩的运动，使得本应在经济合作组织中处于主体地位的农民，完全丧失了话语权和主导权，失去了自主性和独立性，从而导致生产积极性的严重受损。人民公社化运动的实质，是企图在生产力不发达的小农经济基础上建立一个所谓平等、平均、公平合理的社会。这种违背社会发展规律的做法，给整个国家的经济和社会发展，以及人民生活带来了沉重的打击。总结起来，人民公社在农村经济合作组织的建设方面留给我们的主要经验和教训表现在以下几个方面：

第一，农村经济合作组织的发展应始终坚持自愿互利的原则。互助合作、组织合作社是世界各国农业适应商品化、现代化要求普遍采用的成功的道路，本应是农民最愿意接受的、最喜欢的组织形式。但是我国在合作化运动后期，尤其是人民公社阶段，由于“左”的思想指导，农业合作化的发展一味求快，甚至动用行政手段强迫农民加入，并且剥夺了社员的退出权。这显然违背了自愿互利这一合作社发展的基本原则，引起了农民对合作社和人民公社的反感，从而导致合作社乃至后来的人民公社失去了根本的生命力。

第二，合作组织的发展应考虑现实生产力的发展水平，而不能只凭主观愿望盲目推进。“合作社的成功必须依赖于一定的生产力条件。在一定的生产力条件下，农民会自发产生合作的需求，借以改善自己的生产条件和市场环境。”①但是合作化运动后期，尤其是人民公社阶段拔苗助长式地不顾客观的生产力条件而硬性推行合作制度的做法，已超越了当时的生产力条件，其结果只能是与初衷背道而驰。

---

① 王曙光：《农民合作社与农村制度变迁60年》，载《中国经济》2010年第3期。

第三，合作社的发展和壮大，应当尊重农民财产和生产资料的所有权。随着合作经济的发展，合作社的组织规模必然会随之壮大。但合作社的发展应在农民自愿的前提下逐步发展，而不能在违背农民主观意愿的情况下依靠行政手段强行推进，同时还剥夺农民自愿退出的权力。而我国在人民公社时期，为了实现办大社的愿望，一是采取合并的办法，将小社合并成大社；二是采取把小集体所有转为大集体所有的办法，即“共产风”。这种无偿平调农民劳动力和各种财产的做法使农民个人财产受到极大损害，打击了农民的生产和劳动积极性，造成了生产的严重下降和劳动生产率的严重受损。

第四，认清合作社的本质是一个经济合作组织，其根本使命是促进经济合作与发展，而不能搞政社合一。

第五，注重合作社的经营管理，使合作社能为农民带来真正的实惠，这才是合作社能够得到推广、吸引广大农民加入的根本。

当然，人民公社也并不是全部都是缺点，有的学者认为人民公社是对农业进行社会主义改造的自然产物，认为“人民公社不仅解决了工业化原始积累的问题，而且为最终解决农业问题，提供了根本的基础”，“解决了困扰中国农业发展几千年的大型农业基础设施建设尤其是大中型水利设施建设和农田水利建设的问题”。大公社体制跳出了土地改革之后小农经济的束缚，完成了对小农的改造，打破了自然村落限制下的乡土社会模式，推进了农村社会生活的现代化转型，具有积极的历史意义。①

第三节　改革开放后我国农村经济合作组织的发展现状（1978 年至今）

自 20 世纪 70 年代末期人民公社制度逐步解体后，农民自发组建的经济合作组织在中国农村开始逐步发展起来。经过 30 多年的发展，中国农村经济合作组织逐步发展壮大，从简单到复杂，从弱小到强大，合作组织的发展不断呈现出新的特点。

① 陈柳钦、胡振华：《中国农村合作组织的历史变迁》，载《农业经济问题》2010 年第 6 期。

一、第一阶段（1978 年至 1990 年）

总体来看，这个阶段是农村经济合作组织自发形成并初步得到扶持与发展的时期。

1978 年后推行的家庭联产承包责任制改革极大地释放了农户的生产积极性，并初步确定了农户在农业生产中的自主经营权。随后的农副产品市场化改革提高了农产品价格，农户开始广泛参与到市场运营中，并在日益激烈的市场竞争中萌生出建立经济合作组织的现实需求和内在动力。由此，在农业专业化程度相对较高、市场经济发育较快的地方陆续涌现出各种不同形式的农村经济合作组织，其中农民专业技术协会是发展最快、普及面最广的一种。

农民专业技术协会最早出现在 20 世纪 70 年代末，当时，安徽天长县成立了中国第一个农民科学种田技术协会。1980 年，四川郫县又成立了养蜂协会。这些协会的初衷，是以技术辅导和交流的形式，组建一支农民技术队伍。1982 年，中央召开科学技术大会，作出了《中共中央关于改革科学技术体制的决定》，鼓励农业技术推广单位开展技术承包、实行有偿服务、兴办经营实体，从而推动了农业科技人员走出实验室，深入农村，发起和组建了一批农民专业技术协会。[①]

但是作为一种新生事物，农村经济合作组织在 1980 年代前半期基本上是处于摸索状态和起步阶段，数量少、规模小，多数没有章程，稳定性差，规范化程度低。它们中的“大多数”只能称作“协作体”，而不是真正的合作组织。[②] 由于经济和社会作用还没有充分得以彰显，各级领导都没有对其加以重视和支持。

农民对农村经济合作组织日益增多的需求引发了政府关注。1984 年中央一号文件指出：“为了完善统一经营和分散经营相结合的体制，一般应设置以土地公有为基础的地区性合作经济组织……此外，农民还可不受地区限制，自愿参加或组成不同形式、不同规模的各种专业合作经济组织。”1985 年中央一号文件提出，“农民也可以通过合作组织或建立生产者协会，主动与有关单位协商签订销售合同”。1986 年 1 月 1 日，中共中央、国务院发布了改革开放以

---

① 杜吟棠：《我国农民合作组织的历史和现状》，载《经济研究参考》2002 年第 25 期。

② 陈柳钦、胡振华：《中国农村合作组织的历史变迁》，载《农业经济问题》2010 年第 6 期。

来第5个涉农的1号文件，提出“近几年出现了一批按产品或行业建立的服务组织，应当认真总结经验，逐步完善。各地可选择若干商品集中产区，特别是出口商品生产基地，鲜活产品的集中产区，家庭工业集中的地区，按照农民的要求，提供良种、技术、加工、贮运、销售等系列化服务。通过服务逐步发展专业性的合作组织”。

在这样的政策指引下，1986年1月，国家科委、中国科协联合提出把支持推动合作组织的发展和提高作为农村科普工作的重要内容。中国科协组织成立了中国农业专业技术协会，作为其下属单位，全面指导农民专业技术协会的具体工作。1987年下半年，由国务院农村发展研究中心、农牧渔业部、商业部和中国科协组成的农村专业技术研究会联合调查组赴四川、山东、广东进行调研，并于年底召开全国农村专业技术协会理论研讨会。此后，农村经济合作组织逐步引起各级领导的重视和支持。1987年，中央正式启动中国农村改革试验区的组织创新与制度创新项目，“合作经济组织与基本经营制度建设”是其中一项。1990年，原国家科委出台《农业技术经济服务合作协会示范章程》，并在青海等省进行试点和推广。据统计，到1990年全国各类专业合作组织达123.1万个。其中，生产经营型74万个，占总数的60%；服务型41.4万个，占33.6%；专业技术协会7.7万个，占6.3%。①

二、第二阶段（1991年至2006年）

20世纪90年代初期是农村经济合作组织发展最活跃的时期。② 这其中一个很重要的背景是1992年社会主义市场经济体制改革目标的确立。市场的纵深发展，促进了农业产业分工的深入，也加剧了小农经济与市场竞争之间的矛盾。在这样的现实条件下，农村经济合作组织作为促进农业产业化经营的有效组织载体得到了国家各部门的支持和推动，并为此制定了一系列政策、法规和示范章程。这些文件和法规的相继出台，极大地推动了农村经济合作组织的发展，并为其日后走向规范化发展道路打下了坚实的基础。

---

① 侯保疆：《我国农民专业合作组织的发展轨迹及其特点》，载《农村经济》2007年第3期。

② 吕新业：《新形势下农民专业合作组织研究》，中国农业出版社2008年版，第13页。

从纵向的时间序列上看，1991 年国务院颁布《关于加强农业社会化服务体系建设的通知》，将农村专业技术协会、专业合作社作为农业社会化服务的形式之一，并要求各级政府对其给予支持。据中国科协统计，1992 年全国共有专业合作组织 13 万个，社员近 500 万个，全国县级以上达到 1700 多个，其中，地区性联合会 800 多个，全国性的专业合作组织为 24 个，跨省的有 40 个。① 1994 年年初，国务院明确农业部是指导和扶持农民专业协会的行政主管部门，同年的中共中央 4 号文件强调“要抓紧制定《农民专业协会章程》，引导农民专业协会真正成为民办、民管、民受益的新型经济组织”。此后不久，农业部就和有关部门协作起草了《农民专业协会示范章程》，并会同有关部门开始进行农民专业协会的立法和管理试点，确定陕西、山西为借鉴日本农协经验的试点省，安徽为农民专业协会示范章程的试点省。黑龙江、四川等省还结合农业支持项目，开展了农民专业协会或农民合作组织的试点工作。1994 年在省领导和中央有关部门的支持下，山西分别在定襄、岐县、万荣、临汾 4 个县以日本农协为榜样开展合作社试验。其中，岐县在 4 个乡镇建立了果业组合，在 3 个乡镇建立了奶业组合，并在县级成立了联合会。万荣县则以供销社为母体，组建了 4 个独立于供销社的农民专业合作社，借助供销社渠道，为农民提供农产品加工和销售服务。②

1996 年年底全国农村经济合作组织已经发展到 143 万个，分布于 140 多个专业门类，但是绝大多数集中于第一产业，能够提供综合性服务的协会只占 36%，大约有一半的协会只是产权关系十分松散的“群团性组织”。③ 其中河北和山东发展最快，占全国专业合作社的 1/3 以上，初步形成规模、运行规范的约有 14 万个，带动农户 4000 多万。90 年代中后期，随着农业发展进入新阶段，农产品供求关系发生根本变化，农村经济合作组织出现了范围扩大、业务拓宽、功能增强的发展势头。④ 据农业部经营管理司统计，截止到 1998 年年底，农村有各类经济合作组织 148 万多个，其中种植业占 63.1%，养殖业占

① 陈柳钦、胡振华：《中国农村合作组织的历史变迁》，载《农业经济问题》2010 年第 6 期。

② 杜吟棠：《我国农民合作组织的历史和现状》，载《经济研究参考》2002 年第 25 期。

③ 农业部软科学委员会办公室：《农业经营制度》，中国农业出版社 2001 年版，第 199 页。

④ 吕新业：《新形势下农民专业合作组织研究》，中国农业出版社 2008 年版，第 13 页。

14.4%，加工运输业占6.1%，其他行业占16.4%。全国有跨县的专业合作组织5240个，跨乡的专业合作组织8140个。①

2002年12月28日，第九届全国人民代表大会常务委员会第三十一次会议修订通过了《农业法》，并于2003年3月1日起施行。《农业法》在第二条中，将"农民专业合作经济组织"明确作为农业生产经营组织的一个类别。在第十一条中规定："国家鼓励农民在家庭承包经营的基础上自愿组成各类专业合作经济组织。"第十三条规定："国家引导和支持从事农产品生产、加工、流通服务的企业、科研单位和其他组织，通过与农民或者农民专业合作经济组织订立合同或者建立各类企业等形式，形成收益共享、风险共担的利益共同体，推进农业产业化经营，带动农业发展。"第二十八条指出："国家鼓励和支持发展多种形式的农产品流通活动。支持农民和农民专业合作经济组织按照国家有关规定从事农产品收购、批发、贮藏、运输、零售和中介活动。"同时《农业法》强调"农民专业合作组织应当坚持为成员服务的宗旨，按照加入自愿、退出自由、民主管理、盈余返还的原则，依法在其章程规定的范围内开展农业生产经营和服务活动"。这部法律的颁布执行促使农村经济合作组织进入规范发展阶段。

2003年10月，党的十六届三中全会《决定》明确指出："支持农民按照自愿、民主的原则，发展多种形式的农村专业合作组织。"按照农业部农村经济体制与经营管理司的统计，2003年全国农村经济合作组织近14万个，其中专业合作社、股份合作社和专业协会分别占85%、10%和5%。同年，全国供销合作社系统的专业合作社达14158个。② 这一时期的经济合作组织按行业划分，以种植业为主，占47%；畜牧业次之，占25%；渔业占6%；其他占22%。从会员分布情况看，以乡镇、村农民为主。浙江省作为全国唯一的专业合作经济组织试点省，到2002年年底，共有各类专业合作经济组织1969家，其中专业合作社784家，专业协会1176家，社（会）员达22.8万，带动农户

---

① 刘雅静：《我国农村合作经济组织的现状及发展对策》，载《东岳论丛》2003年第4期。

② 姜长云：《我国农民专业合作组织发展的回顾与思考》，载《开发研究》2005年第3期。

132.9 万户。[①]

2004 年中央一号文件指出，要“鼓励发展各类农产品专业合作组织、购销大户和农民经纪人。积极推进有关农民专业合作组织的立法工作。从 2004 年起，中央和地方要安排专门资金，支持农民专业合作组织开展信息、技术、培训、质量标准与认证、市场营销等服务。有关金融机构支持农民专业合作组织建设标准化生产基地、兴办仓储设施和加工企业、购置农产品运销设备，财政可适当给予贴息。深化供销社改革，发挥其带动农民进入市场的作用。”在中央的号召下，地方各级政府也高度重视和支持农村经济合作组织的发展，出台了相应的政策措施。浙江省于 2004 年 11 月率先制定出国内第一部农民专业合作组织法规，即《浙江省农民专业合作社条例》（2005 年 1 月 1 日施行）；2004 年 5 月甘肃省出台了《关于大力发展农民专业合作组织的意见》等。

2005 年中央一号文件指出，要“发展农业产业化经营……积极探索龙头企业和专业合作组织为农户承贷承还、提供贷款担保等有效办法。支持农民专业合作组织发展，对专业合作组织及其所办加工、流通实体适当减免有关税费。集体经济组织要增强实力，搞好服务，同其他专业合作组织一起发挥联结龙头企业和农户的桥梁和纽带作用”。2005 年 4 月，农业部制定并颁布《关于支持和促进农民专业合作组织发展的意见》，提出从各个方面采取措施，大力促进农民专业合作组织发展。这个《意见》的出台，标志着我国农村经济合作组织发展进入了一个新阶段。[②] 2005 年 10 月，党的十六届五中全会通过的《中共中央关于制定国民经济和社会发展第十一个五年规划的建议》中指出，全面深化农村改革要“鼓励和引导农民发展各类专业合作经济组织，提高农业的组织化程度”。

2005 年农业部围绕 11 个优势农产品区域、35 种主导产品，在北京、吉林、浙江、安徽、湖北、湖南、山东、河南、陕西、宁夏、四川和青岛等 12 个省市开展农民专业合作组织的示范建设，确立示范项目 143 个。2003 年至

---

① 《农村专业合作经济组织的运行机制分析与政策影响评价》，见 http://nc.mofcom.gov.cn/news/1963726.html。

② 《农民专业合作组织进入新阶段》，载《领导决策信息》2005 年第 19 期。

2005 年，财政部安排 1.5 亿元专项资金支持试点建设。2004 年省级财政扶持资金 6700 多万元，建立了省级示范点 600 多个；2005 年省级财政扶持资金增加到 1.4 亿元。到 2004 年年底农村经济合作组织成员数量达到 2363 万人，占全国农户总数 9.8%。①

三、第三阶段（2006 年至今）

2006 年通过的《农民专业合作社法》标志着中国农村经济合作组织的发展进入依法发展的新阶段。在这一阶段，伴随着一系列文件的相继出台，农村经济合作组织的建设更加规范化，并呈现出了多样化的特点。从农村经济合作组织的类型上来看，不仅农业生产、技术、销售等方面的合作组织继续得到发展，而且一度停滞不前的信用合作社也开始获得政府的扶持和帮助，逐步得到恢复。农村经济合作组织迈入了全面发展时期，这为我国农业生产的发展和社会主义新农村的建设奠定了良好的基础。

实际上，中共中央在 2006 年一号文件中就强调指出："要着力培育一批竞争力、带动力强的龙头企业和企业集群示范基地，推广龙头企业、合作组织与农户有机结合的组织形式，让农民从产业化经营中得到更多的实惠……积极引导和支持农民发展各类专业合作经济组织，加快立法进程，加大扶持力度，建立有利于农民合作经济组织发展的信贷、财税和登记等制度。"同年 10 月 31 日，十届全国人大第二十四次会议表决通过了《中华人民共和国农民专业合作社法》，并于 2007 年 7 月 1 日正式实施。合作社法规定："农民专业合作社是在农村家庭承包经营基础上，同类农产品的生产经营者或者同类农业生产经营服务的提供者、利用者，自愿联合、民主管理的互助性经济组织"，"应当遵循下列原则：成员以农民为主体；以服务成员为宗旨，谋求全体成员的共同利益；入社自愿、退社自由；成员地位平等，实行民主管理；盈余主要按照成员与农民专业合作社的交易量（额）比例返还"，"国家通过财政支持、税收优惠和金融、科技、人才的扶持以及产业政策引导等措施，促进农民专业合作社的发展。国家鼓励和支持社会各方面力量为农民专业合作社提供服务"。2007 年 5 月 28 日，国务院颁布《农

① 李永生：《农民专业合作组织发展有新变化》，《农民日报》2005 年 7 月 20 日。

民专业合作社登记管理条例》，自2007年7月1日起施行。《中华人民共和国农民专业合作社法》和《农民专业合作社登记管理条例》的出台，从法律制度上为农民专业合作社作了框架设计和基本原则规定，明确了农民专业合作社的市场主体地位，对农民专业合作社的组织和行为进行了适当的规范，标志着我国农村经济合作组织进入了依法发展的新阶段。

这之后的政策和法规继续在规范化方面引导和推动农村经济合作组织的发展和建设，而且更加关注和强调农村经济合作组织发展所需的配套措施的建设，如税收政策、信贷金融政策等方面。

如2007年中央一号文件强调，要“大力发展农民专业合作组织。认真贯彻农民专业合作社法，支持农民专业合作组织加快发展。各地要加快制定推动农民专业合作社发展的实施细则，有关部门要抓紧出台具体登记办法、财务会计制度和配套支持措施。要采取有利于农民专业合作组织发展的税收和金融政策，增大农民专业合作社建设示范项目资金规模，着力支持农民专业合作组织开展市场营销、信息服务、技术培训、农产品加工储藏和农资采购经营”。

2008年中央一号文件指出，要“积极发展农民专业合作社和农村服务组织。全面贯彻落实农民专业合作社法，抓紧出台配套法规政策，尽快制定税收优惠办法，清理取消不合理收费。各级财政要继续加大对农民专业合作社的扶持，农民专业合作社可以申请承担国家的有关涉农项目。支持发展农业生产经营服务组织，为农民提供代耕代种、用水管理和仓储运输等服务。鼓励发展农村综合服务组织，具备条件的地方可建立便民利民的农村社区服务中心和公益服务站”。

农村经济的日新月异，使得农村金融的舞台越来越宽广。为了给这个曾经备受冷落的舞台注入新的活力，为快速发展的农村经济市场解决资金稀缺问题，政策制定者不断培育扶持新的金融力量。资金互助社、村镇银行、小额贷款公司等新型金融组织陆续登台亮相，以小额信贷组织为代表的一系列创新金融服务也正从默默无闻的后台走向前台。2009年中央一号文件强调，“加快发展多种形式新型农村金融组织和以服务农村为主的地区性中小银行”。“大力发展小额信贷和微型金融服务，农村微小型金融组织可通过多种方式从金融机构融入资金。”“抓紧出台农民专业合作社开展信用合作试点的具体办法。”2009年2月16日，中国银监会和农业部联合印发《关于做好农民专业合作社金融服务工作的意见》，明确提出“优先选择在农民专业合作社基础上开展组建农村资金互助社的试点工作”，允许符合条件的农村资金互助社按商业原则从银行业金融机构融入资金。鼓励发展具有担保功能的农民专业合作社，运用联保、担保基金和风险保证金等联合增信方式，以及借助担保公司、农业产业化龙头企业等相关农村市场主体作用，扩大成员的融资担保范围和融资渠道，提高融资效率。这是专门解决农民专业合作社在生产过程中缺乏资金的一项制度安排。

2013年中央一号文件用专门的篇章来强调要“大力支持发展多种形式的新型农民合作组织”。文件指出：“农民合作社是带动农户进入市场的基本主体，是发展农村集体经济的新型实体，是创新农村社会管理的有效载体。按照积极发展、逐步规范、强化扶持、提升素质的要求，加大力度、加快步伐发展农民合作社，切实提高引领带动能力和市场竞争能力。鼓励农民兴办专业合作和股份合作等多元化、多类型合作社。实行部门联合评定示范社机制，分级建立示范社名录，把示范社作为政策扶持重点。安排部分财政投资项目直接投向符合条件的合作社，引导国家补助项目形成的资产移交合作社管护，指导合作社建立健全项目资产管护机制。增加农民合作社发展资金，支持合作社改善生产经营条件、增强发展能力。逐步扩大农村土地整理、农业综合开发、农田水利建设、农技推广等涉农项目由合作社承担的规模。对示范社建设鲜活农产品仓储物流设施、兴办农产品加工业给予补助。在信用评定基础上对示范社开展联合授信，有条件的地方予以贷款贴息，规范合作社开展信用合作。完善合作社税收优惠政策，把合作社纳入国民经济统计并作为单独纳税主体列入税务登记，做好合作社发票领用等工作。创新适合合作社生产经营特点的保险产品和服务。建立合作社带头人人才库和培训基地，广泛开展合作社带头人、经营管理人员和辅导员培训，引导高校毕业生到合作社工作。落实设施农用地政策，合作社生产设施用地和附属设施用地按农用地管理。引导农民合作社以产品和产业为纽带开展合作与联合，积极探索合作社联社登记管理办法。抓紧研究修订农民专业合作社法。”从用独立篇章全面强调合作组织的作用并进行系统地政策支持，到“农民合作社”提法的转变、农民专业合作社法修订的信号释放，中国未来的农村经济合作组织将拥有更为开阔的发展空间，形成改革开放以来最活跃的创新、发展时期。

第四章 CHAPTER 4

我国农村经济合作组织的运行机制

◇ 农村经济合作组织的发展模式和基本特点

◇ 农村经济合作组织发展中的国家形塑与角色变迁

◇ 农村经济合作组织的发展策略

第一节　农村经济合作组织的发展模式和基本特点

一、农村经济合作组织的发展模式

农村经济合作组织的发展模式可以从多种视角进行分析。根据合作组织生成方式的不同，可划分为体制外生成、体制内生成、体制内外结合生成三种类型；根据合作组织与政府的关系，可以分为官办型、民办型以及官民结合型等三种基本类型；根据合作组织领办方式的不同，可以分为经营大户领办型、基层组织领办型、涉农部门领办型、龙头企业领办型等类型。

（一）按照运行机制进行的分类

目前，我国的农村经济合作组织按照其运行机制，可将其分为两大类，即农村经济协会和农民合作社。农民合作社又可以细分为传统性质的农民专业合作社、股份制合作社、农民专业合作社联合社等形式。[①]

1. 农村经济协会。

农村经济协会从性质上说属于社会团体，多数在民政部门登记注册。按照1998 年 10 月 25 日国务院发布的《社会团体登记管理条例》规定，社会团体是指由中国公民自愿组成，为实现会员共同意愿，按照其章程开展活动的非营利社会组织。《社会团体登记管理条例》规定，社会团体不得从事营利性经营活动，社会团体为社会提供相应服务，可以收取合理的服务费用，但盈余部分或清算后的资产只能用于社会公益服务事业，不能在成员中分配。因此，农村经济协会与合作社的区别在于它不是经营实体，没有利润分配，成员与组织间没有经济上的关联，成员与组织的关系比较松散。

① 本部分内容在第二章有所介绍，此处的分析视角不同于前。

农村经济协会主要开展农业技术推广和技术服务，也涉及产前、产后服务。如山东省莱芜市牛泉镇长毛兔研究会，是由养兔大户鹿赞庆发起、联系47户养兔专业户于1984年建立的。1992年发展壮大为15个分会、本市780会员、外地80名通讯会员，并拥有230万元固定资产、90万元流动资金、6个经济实体，同时引进德国的优良长毛兔品种，研究了促长的增长剂，带动了一个兔毛专业市场的建立，形成了当地的新产业。

由于农村经济协会不具有企业法人身份，参与市场经济活动受到一定限制，加之会员联系较为松散，其发展往往缺乏规范。比如，山东省2003年各类农村经济协会已经达到近2万个，但这些协会有80%没有进行合法登记。[①]在《农民专业合作社法》颁布实施后，很多农村经济协会后来都转变身份，登记注册成为合作社。如青岛得兴果菜专业合作社是在平度市祝沟镇德兴果品协会基础上成立的，两者的带头人都是孙德兴；寿光研祥蔬菜专业合作社是在寿光蔬菜病虫害协会基础上成立，社长和会长都是当地远近闻名的“蔬菜医生”张研祥。

2. 农民专业合作社。

2007年7月正式实施的《中华人民共和国农民专业合作社法》规定：“农民专业合作社是在农村家庭承包经营基础上，同类农产品的生产经营者或者同类农业生产经营服务的提供者、利用者，自愿联合、民主管理的互助性经济组织。”其基本原则是“成员以农民为主体；以服务成员为宗旨，谋求全体成员的共同利益；入社自愿、退社自由；成员地位平等，实行民主管理；盈余主要按照成员与农民专业合作社的交易量（额）比例返还”。《农民专业合作社法》颁布以来，合作社在各地快速发展起来。根据国家工商总局的统计资料，截至2012年年底，农民专业合作社实有68.9万个，比2011年年底增长32.07%，出资总额1.1万亿元，增长52.07%。[②]截止到2013年8月份，我国共有农民

---

① 《山东省农村经济协会要“全覆盖”》，山东合作经济信息网，见 http://www.sdcoop.com/channels/ch00095/200311/83EE0F50-9D2B-4A7D-84B3-3398B72F40AF.htm，2003年11月26日。

② 《盘点2012年全国市场主体发展总体情况》，新华网，见 http://news.xinhuanet.com/fortune/2013-01/10/c_114326251.htm，2013年1月10日。

专业合作社88.57万个，出资总额1.63万亿元。[①]

3. 股份合作社。

股份合作社是指股份制与合作制相结合的一种组织，通常由企业、政府涉农部门或农户出资作为股东，吸收少量社员股金组成，利润按照股份和交易额相结合的方式分配。它是合作社的一种变形，一般在工商管理部门登记。[②]

由于股份制合作具有更有效的经济激励和刺激作用，山东已有多数合作社从初期的技术、信息、购销服务发展成为技术、土地、资本等股份制合作，形成了以产权为纽带，利益共享、风险共担的经济共同体。到2011年年底，山东省以土地承包经营权入股组建的土地股份合作社达400多家，入社土地100多万亩。[③]

案例：山东省东平县炬祥土地股份合作社[④]

2012年10月，接山镇后口头村炬祥土地股份合作社挂牌成立。该合作社为山东省首批、泰安首家土地股份合作社，以新的运营模式引来群众关注的目光：17户群众将拥有的土地承包经营权，通过股份合作的形式，与苗木种植大户和村集体组建了合作社。群众以土地承包经营权每亩地保底1000元，大户以资金和项目入股，村集体以150亩河滩地及日常管理和服务入股。

该合作社通过参照现代企业制度，完善法人治理结构，成立股东大会、理事会、监事会，保证合作社规范运营。通过17个股东的选举，赵同厂当选理事长、赵端当选监事长。

炬祥土地合作社成立后，拥有股民土地202亩、集体滩地150亩，经过多方考察，确定与苗木经营大户于其洪合作，建立绿化苗木基地，于其洪为经理，负责具体经营。合作社以土地作为投资，经营大户以资金、苗木、技术作

---

① 《2013年8月全国市场主体发展报告》，人民网，见http：//yuqing.people.com.cn/n/2013/0913/c244089－22910795.html，2013年9月13日。

② 李姿姿：《中国农民专业合作组织研究》，中央编译出版社2011年版，第23页。

③ 于洪光：《山东省“四个转向”促合作社转型升级》，《农民日报》2012年8月14日。

④ 姜言明、陈淑锋、白霞：《山东省东平县21家土地股份合作社的新探索》，《大众日报》2013年8月14日版；《接山镇拓宽路子“三经营”助推村级新发展》，见http：//www.dpdj.gov.cn/001/001003/001003001/10371508945097.htm，2013年9月30日。

为投资，双方按5:5收益分成。据统计，入股村民每亩地平均收益由950元增至2000元。

4. 农民专业合作（社）联合社。

农民专业合作（社）联合社是农民专业合作社的一种联合性发展。湖北省2013年5月10颁布的《关于农民专业合作社联社登记管理工作的试行意见》规定："农民专业合作社联社是两个以上农民专业合作社之间以产品和产业为纽带，基于做大同一产业、延长产业链、提高竞争力而自愿联合、民主管理的互助性经济组织。联社以其成员为服务对象，为成员提供产前、产中、产后服务，在产品品牌、宣传策划、质量标准、技术服务、产品销售等方面进行统一指导和协调。"2013年7月1日开始实施的《山东省农民专业合作联合社登记管理意见》规定："合作联社是农民专业合作社根据发展需要，在自愿基础上共同出资组建的互助性经济组织。"虽然山东省的政策规定合作联社"属于农民专业合作社范畴"，但是合作联社既突破了《农民专业合作社法》中对农民专业合作社的名称表述，也突破了农民专业合作社的成员组成方式，联社成员全部为已成立的农民专业合作社成员。这说明农民专业合作联合社"属于农民专业合作社范畴"的条款应该是在现有法律体系下对联合社的一种过渡期性质的界定。从这个意义上说，农民专业合作联合社是一种新型的农村经济合作组织发展模式。

农民专业合作社的联合需求是源于单个农民专业合作社普遍存在规模较小、市场竞争能力和抗风险能力差、盈利能力低等问题。可以说，合作社实现了从农户到法人的转变；联合社则是从初级的土地、农民、资金、技能"打捆"发展到合作社之间资本、劳务、技术、品牌和营销的联合。从这个意义上来说，农民专业合作社的联合是农村经济合作组织发展过程中一个质的飞跃。①

为拓展其发展空间，增强行动能力，2012年1月国务院印发的《全国现代农业发展规划（2011—2015年）》明确提出："鼓励农民专业合作社开展信用合作，在自愿基础上组建联合社，提高生产经营和市场开拓能力。"2013年

① 《成立"联合社"是质的飞跃》，《重庆日报》2013年1月30日。

中央一号文件也强调，为“大力支持发展多种形式的新型农民合作组织”，要“引导农民合作社以产品和产业为纽带开展合作与联合，积极探索合作社联社登记管理办法”。

由于在法律层面，《农民专业合作社法》没有对农民专业合作社联合社做出明确规定，各省市都在根据实际情况探索促进合作联社发展的制度创新和政策激励。截至2012年年底，北京、江苏、湖南、黑龙江、辽宁、山东、四川、重庆、山西、海南、江西、新疆等12个省、自治区、直辖市出台的农民专业合作社地方性法规，明确规定农民专业合作社可以组成联合社。① 另外，浙江、山东、四川等地方政府还制定了鼓励农民专业合作社联合社发展的措施。云南开远市政府对每个农民专业合作社联合社财政奖励10万元，北京密云县政府对农民专业合作社联合社的基础设施建设给予40%左右的补贴。② 根据资料统计，截至2012年年底，全国各类农民专业合作（社）联合社达5600多个。③

农民专业合作（社）联合社作为一种新生的农村经济合作组织形式，目前对其进行管理和规范的法律法规还是一片空白。这导致合作联社的法人地位认定和注册方式不够明确。从具体情况看，各地联合社、合作联社既有注册为合作社法人的，也有注册为社团法人或企业法人的。④ 为充分发挥联合社的规模优势、资金优势、品牌优势，增强其服务能力，需要健全和完善相关政策法规，促成基层农民专业合作社在更高层面的联合。

案例：潍坊然中然农产品专业合作社联合社⑤

潍坊然中然农产品专业合作社联合社由青州市绿龙蔬菜专业合作社发起，

---

① 《农民专业合作社可以组建联合社》，《中华合作时报》2013年2月26日。

② 任长宾：《从联合到合作：农民专业合作社联合社发展调查》，《中华合作时报》2013年4月15日。

③ 《中央1号文件：“引导农民合作社以产品和产业为纽带开展合作与联合，积极探索合作社联社登记管理办法”》，中国农业新闻网，见 http://www.farmer.com.cn/zt/gzsc/xx/201304/t20130426_835818.htm，2013年4月26日。

④ 高晓川：《合作社再联合还需做什么》，《农民日报》2012年11月28日。

⑤ 宋学宝、孙方凯、刘芳芳：《探访我省首家农民专业合作社联合社》，《大众日报》2011年3月31日。

青州、寿光、寒亭、安丘等地的16家农民专业合作社联合组建，于2010年12月23日正式成立。是山东省第一家在工商部门正式注册登记的农民专业合作社联合社。

联合社理事长程金厂谈起成立初衷时说："近几年，农民专业合作社一下子冒出了很多，像青州这样一个县级市，竟有各种农民专业合作社500多家。这些合作社良莠不齐，有些根本不能为社员服务。为了整合资源，降低经营成本，形成发展合力，我们在已成立的青州市绿龙蔬菜专业合作社基础上，组建了然中然农产品专业合作社联合社。"

联合社的成立立即吸引了众多农民专业合作社申请加入，经过洽谈和考察，陆续有济南、烟台、淄博等地的一些农民专业合作社加入联合社。截至2011年，加入联合社的农民专业合作社已达27家，拥有3000多名社员，产品有蔬菜、山楂、山核桃、小杂粮、冬雪蜜桃、弥河银瓜、潍县萝卜、放牧生态猪肉等几十种。这些专业合作社以促进农民增收致富为目的，由抱小团儿到抱大团儿，一起在市场的风浪中搏击。

联合社成立后，理事会迅速规范各专业合作社行为，要求它们的生产活动必须接受联合社的监督与指导，按照统一、规范的食品管理措施和标准进行生产，产品包装也必须接受联合社的指导和认可，并且统一使用"然中然"商标。为确保产品达到有机标准，联合社开发了生物发酵肥，以低于市场价格供应成员，并要求各专业合作社设立自己的生产基地。联合社还购买了两辆服务车，对成员进行全天候技术指导和服务。

"除了对成员提供农资、技术等方面的服务外，联合社把更多的精力放在了开拓高端市场上。"据了解，为了开拓市场，联合社专门设立了产品开发部，负责产品包装和市场开发。2011年以来，经过与北京、济南、青岛等地的3家公司洽谈，签订了协议，通过他们的配送中心向北京、上海、广州、济南、青岛等全国十几个大中城市的超市供货。

地处弥河镇的青州市盘龙山山核桃专业合作社是联合社的成员之一。合作社理事长闵庆信高兴地对记者说："加入联合社前，我这里的核桃一斤只能卖18至20元。加入联合社后，通过统一包装、分级销售等措施，一斤卖到26至28元，最好的卖到了一斤35元。不仅如此，我们还开发了核桃食用油，以后还打算加工核桃煎饼。”

“联合社能有效地解决单一经济合作组织代办不了、政府部门包办不了、农户自身操办不了的事情，成为进一步促进分散农户连接广阔市场的中间桥梁，使农民放心生产，放心发展。按目前形势，入社农民年可增加收入30%以上。”程金厂乐观估计。

邵庄镇曹家沟村是青州冬雪蜜桃产地之一，全村2000亩土地全部种植蜜桃，几年前虽然成立了冬雪蜜桃专业合作社，但由于能力不足，尽管蜜桃质量很好，价格仍然上不去，村民收入并不高。“联合社帮助完成了蜜桃有机食品认证，注册了‘曹家沟’品牌商标，设计了别具一格的包装，售价提高了一倍。”谈到加入联合社的好处，村支书刘勇说。

沂源牧星养殖专业合作社看到野猪养殖市场潜力大，但上马后由于市场开拓不够，销路不畅。2011年1月，这家合作社主动加入了然中然联合社。联合社借助自己的力量，帮其开拓市场，迅速打开了局面，销量比过去翻了一番还多。

（二）按照领办方式进行的分类

农村经济合作组织按照其领办方式的不同，可以分为以下几种发展类型和模式：

1. 经营大户领办型。

经营大户领办多是指由农业经营大户牵头、围绕特定的产业或产品，采取“合作社 + 农户 + 基地”的形式兴办的合作组织。农业经营大户一般都是农村经济发展中的能人，有时还会担任村委会、村支部负责人。他们具有一定的影响力和较强的组织能力、号召力和市场经济意识，在调整农业结构、推广标准化生产、规模化经营以及与市场经济中的农业企业合作交易中具有独特的作用。依托于经营大户的管理经验及资金、技术、销售等优势组建的农村经济合作组织，往往具有较好的示范效应和群众基础。我国目前办得较好的农村经济合作组织的领头人，大多是当地该行业多年来的技术能人、经济强人。如平邑县金银花协会的会长是闻名全国的刘嘉坤，他既是平邑县九间棚村党总支书记，也是全国劳动模范、党的十四大代表和九届、十届、十一届全国人大代表，还是九间棚农业科技集团公司董事长。山东滨州阳信鲁北肉牛产销专业合作社社长杨振刚同时也是亿利源清真肉类有限公司董事长，先后荣获“全省农村青年致富带头人标兵”、“滨州市十佳杰出青年”、“滨州市优秀农村经济人”等称号，被滨州学院聘为“青年创业导师”。

2. 基层组织领办型。

基层组织领办型是在产业特色明显的村庄，由农村基层组织或村干部牵头，带领本村或附近村庄农户组建起来的农村经济合作组织。在当下中国的农村经济合作组织发展模式中，有相当一部分合作组织是以行政村为单位建立的，甚至合作组织完全等同于行政村，即“两块牌子，一班人马”，合作组织与行政村二者只存在称谓上的区别而无实质不同。在这种情况下，合作组织与行政村存在资源支配上的交叉，村庄的土地、房屋、仓储设施、水电设施等有偿或无偿地提供给合作组织使用。[①] 如济南市历城区八里峪生态观光农业合作社是仲宫镇刘家村“两委”成员在全体村民的积极支持下创设的，邹平县明集镇罗圈村蔬菜专业合作社则从名称就可以看出合作社的所在地。

3. 涉农部门领办型。

在我国现有的结构体系中，有多个部门与农村经济合作组织的发展有联系。以市县范围为例，既有农业局、财政局、工商局等行政部门，也有科协、农机站、气象局等事业单位，还有供销社、信用社等其他组织。由于当下中国农村经济合作组织的发展是一种开放性的格局，其服务需求往往是综合性的，需要在不同的专业部门和服务之间进行有效协同，这就为不同涉农部门领办合作组织提供了契机和平台。另外，各涉农部门领办合作组织有助于发挥其技术服务、组织协调、管理经验等专业优势，在当下的合作组织体系中占有重要的比例。

4. 龙头企业领办型。

龙头企业领办型合作组织是指由龙头企业牵头发起创建的以“企业＋合作社（协会）＋农户＋基地”为发展模式的合作组织。这类经济合作组织都是以具有一定规模和影响的农业企业为龙头，使基地、农户与市场之间结成了紧密的产供销一条龙、贸工农一体化生产经营体系。“在农产品买方市场的条件下，龙头企业带领农民建立农产品营销合作社，有利于帮助农民建立起稳定

① 林滢、任大鹏：《我国农民专业合作社社区化现象探析》，载《农村经济》2009年第10期。

的农产品营销渠道，快速提升农产品生产品质、延伸农产品产业链条、分享农产品增值收益。”① 这种模式的合作组织数量众多，如阳信利民优质小麦生产专业合作社以利民粮油制品有限公司为龙头；平邑县九间棚金银花专业合作社则以平邑县九间棚农业科技园有限公司、山东九间棚药业有限公司、山东九间棚农业科技有限公司为市场参与平台。

当然，由于龙头企业主导整个合作组织的外部市场开拓和内部管理，因此容易导致合作组织的内部治理结构极为不规范，出现龙头企业单边控制的局面，这又会连锁性地导致利润分配中对农民的不公平。另外，在当下地方政府不断加大扶持合作组织的政策激励下，也有一些龙头企业是出于套取政府支农资金的动机来创办合作组织。所有这些现象必须引起我们的高度警惕和关注。

5. 其他类型。

还有一些农村经济合作组织是农民自发创办的，或者是由学者等外部力量支持形成的。如中国人民大学何慧丽教授在河南兰考挂职时，就在当地组织了消费合作社，后来演化成城乡互助合作社。瑞安农村合作协会的会长是清华大学公共管理学院的博士后陈林，协会是他在挂职瑞安这个县级市的副市长时推动创立的。河北定州翟城合作社、山东济宁鱼台镇姜庄合作社、安徽阜阳南塘兴农合作社、山西汾阳栗家庄合作社等近 40 个合作社则是在晏阳初乡建学院的试点帮助下建立起来的。

二、农村经济合作组织的基本特点是以农民专业合作社为例的考查

农民专业合作社是当下农村经济合作组织的主要类型和表现形态。在此，本研究将以农民专业合作社为代表来管窥我国农村经济合作组织的基本特点：

（一）农民专业合作社发展快速，但各地发展不均

近年来，特别是 2007 年《农民专业合作社法》正式实施以来，我国农民专业合作社呈现快速发展态势。来自国家工商总局的统计数字表明：截至

① 苑鹏：《公司领办有合理性》，中国供销合作社网，见 http://www.chinacoop.gov.cn/HTML/2010/07/26/50350.html。

2008 年年底，全国实有农民专业合作社实有 11.09 万户，农民专业合作社出资总额 0.09 万亿元。截至 2011 年年底，农民专业合作社实有 52.17 万户，比上年底增长 37.62%，出资总额 0.72 万亿元，比上年同期增长 59.39%。其中，当年农民专业合作社新登记 13.92 万户，比上年同期增长 5.89%，出资总额 0.25 万亿元，比上年同期增长 30.82%。2012 年，我国农民专业合作社实有 68.9 万户，比上年底增长 32.07%，出资总额 1.1 万亿元，比上年同期增长 52.07%。截至 2013 年 6 月底，我国农民专业合作社实有 82.8 万户，比上年同期增长 37.97%，出资总额 1.78 万亿元，比上年同期增长 96.37%。其中，当年农民专业合作社新登记注册 12.8 万户，比上年同期增长 63.51%，出资总额 0.35 万亿元，比上年同期增长 1.18 倍。①

但在农民专业合作社快速发展的过程中，各地又呈现出发展不均衡的特点。通过对全国 6663 家农民专业合作社示范社名录的分析发现，东、中、西部地区示范社分别占总数的 50.5%、31.1% 和 18.5%，② 差距悬殊。总体来说，山东、浙江等地的农民专业合作社发展水平处于全国前列。数据显示，截至 2011 年 6 月底，山东省注册登记的专业合作社近 5 万个，占全国的 11.2% 左右，成员总数 48.6 万人，出资总额 552.7 亿元，分别比 2008 年增长了 2.8 倍和 8.7 倍。③ 截止到 2012 年 5 月底，山东省工商登记合作社 61707 家，居全国首位。④

表 4－1　　2006 年农村经济合作组织的数量及成员数⑤

省份	数量	带动农户和成员数（万户）	占总农户比例（%）
北京	1103	26.4	44

① 以上数据均来自国家工商总局网站。

② 王勇：《农民专业合作社联合社组建与经营管理策略刍议》，见 http://www.chinareform.org.cn/Economy/Agriculture/Forward/201203/t20120312_136435.htm。

③ 国务院发展研究中心市场经济研究所“优化我国农产品流通体系的政策研究”课题组：《我国农民专业合作社发展的现状、问题与政策建议》，见 http://www.sdny.gov.cn/art/2012/11/1/art_621_321917.html，2012 年 11 月 1 日。

④ 于洪光：《山东省“四个转向”促合作社转型升级》，《农民日报》2012 年 8 月 14 日。

⑤ 中国农业科学院农业经济与发展研究所：《新形势下农民专业合作组织研究》，2007 年第一期中央级公益性科研院所基本科研业务费专项成果材料。

（续表）

天津	236	10.26	8.5
河北	6590	230	15.1
山西	3850	85.7	11.8
内蒙古	3045	160.6	5.27
辽宁	2821	199	30.6
吉林	4510	191	49.5
黑龙江	4807	71.4	15.1
江苏	6862	550	22
浙江	4608	278.97	6.05
安徽	5000	483	37
福建	1700	95	8.7
山东	25586	761	36.6
河南	8473	938	54.2
湖北	4998	221	4.42
湖南	7833	220.9	15.03
广东	1136	144.6	13.59
海南	769	19.78	18.4
重庆	5422	321.4	44.72
四川	9439	1037.05	57.6
贵州	2203	137.46	6.24
云南	2858	221.1	7.74
甘肃	4873	103.83	22.3
宁夏	892	70.4	72.6

（二）合作社行业分布广泛，以种养殖业为主

目前，我国农民专业合作社的发展已经逐步拓展到种植、畜牧、农机、渔业、林业、技术信息等农村各个产业，但种植业和畜牧业是合作社分布的重点产业。

通过对2012年农业部公布的600家农民专业合作社示范社进行分析发现：种植类合作社共有369家，占总数的61.50%；养殖类合作社共有170家，占总数的28.33%。如果加上种养混合型合作社，则二者的比例已经超过90%。而单一计算的话，种植类合作社在各种类型的合作社中占了数量上的压倒性优势。在种植类合作社内部又包括四种类型：一是以各种类型的水果、蔬菜为主要经营业务的农民专业合作社，占总数的39.17%；二是以水稻、小麦和玉米为主要经营业务的农民专业合作社，占总数的5.00%；三是以大豆、豌豆、马铃薯等杂粮为主要经营业务的农民专业合作社，占总数的6.67%；四是以棉花、花卉、食用菌、中药材、茶叶、油菜、蚕桑等经济作物为主要经营业务的农民专业合作社，占总数的10.67%。从中可以发现，主粮类与杂粮类农民专业合作社的数量加起来只有70家，仅占总数的11.67%。①

（三）合作社服务领域拓宽，但带动能力不强

合作社的快速发展带来其服务领域的不断拓展，已由农业经济信息服务拓展到农资供应、农技推广、农产品加工、仓储和销售等多个环节，还有一些合作社涉入土地流转、资金互助、金融信用等领域。据统计，到2009年年底，全国农机合作社已经达到1.3万多家，平均每个农机专业合作社服务的农户数量达960户，作业服务面积2.3万亩。② 截止到2012年2月，潍坊市全市已发展资金互助合作社310个，入社农户1.9万户，吸纳股金、互助金和政府扶持资金1.3亿元。③

---

① 赵晓峰：《粮食类农民专业合作社：发展机制与促进对策》，载《贵州社会科学》2013年第6期。

② 《农机专业合作社服务领域拓宽》，《经济日报》2010年7月18日。

③ 《农经司到山东潍坊调研农民专业合作社和十地流转情况》，国家发改委网站，见 http://www.sdpc.gov.cn/gzdt/t20120220_462176.htm。

但是纵观合作社的发展状况，其总体带动能力仍有待拓展。截至2011年3月底，我国依法登记的农民专业合作社已达40多万家，实有入社农户3000万左右，只占全国农户总数的12%；合作社平均入社农户为69户，平均投入不足100万元。[①] 这种状况即便是在农业商品率高、农村经济合作组织发展较快的地方也是如此。比如山东是农村经济合作组织数量较多的省份，2006年年底合作社已经达到了25586个，入社农户349万，仅占全省农户总数的16.6%，带动农户总数为412万，仅占全省农户的19.5%；浙江也是近年来农村经济合作组织发展较快的省份之一，截至2006年年底，全省农民专业合作社达到3916个，社员27万个，带动农户211.3万户，仅占全省农户的22.2%；四川也是农村经济合作组织发展较快的大省，其中专业组织数量全国第二位，截至2006年年底，全省农业部门联系的农村经济合作组织达到9469个，比2005年增加8.1%，加入合作组织的农户为514.89万户，占全部农户的29%。[②]

（四）合作社以农户为主体，合作联社开始涌现

合作社的运作模式多种多样，但现有的合作社多是以“合作社+农户”类型居多。以山东、河南为例，截至2011年上半年，山东省农民专业合作社农民成员47.0万人，占全部成员总数的96.8%，河南省农民专业合作社农民成员22.7万人，占成员总数的98.2%；两省的企业单位成员仅为1571个、350个。若按平均1个企业参与1个专业合作社计算，“龙头企业+合作社+农户”类型仅占这两个省合作社总数的3.2%和1.1%。[③]

合作社规模的弱小和农户应对市场的弱势地位促成了农民专业合作（社）联合社的出现。在山东潍坊，截止到2012年2月，全市有582个合作社加入了联合社。在工商部门登记注册的联合社有61家，其中52家是2011

① 李亚新：《我国12%的农户加入了农民专业合作社》，《农民日报》2011年7月4日。

② 郭东红、徐旭初、邵雪伟、陆宏强：《我国农民专业合作经济组织发展的完善与创新——基于对浙江省实践的分析》，载《中国软科学》2004年第12期。

③ 国务院发展研究中心市场经济研究所“优化我国农产品流通体系的政策研究”课题组：《我国农民专业合作社发展的现状、问题与政策建议》，见 http://www.sdny.gov.cn/art/2012/11/1/art_621_321917.html，2012年11月1日。

年新登记注册的。在新登记注册的52家中，跨县域的11家，跨市域的4家。联合社涉及蔬菜、果品、养殖、农机、苗木花卉、信息服务和农产品加工等领域。全市有26家联合社的产品进入家乐福、上海银座、佳乐家等30多个连锁超市。[①] 联合社的强强联合形成农业发展的产业集群效应，使各合作社在优势互补、资源共享的基础上形成一个有机整体，提升了合作社的竞争能力和发展空间。

第二节　农村经济合作组织发展中的国家形塑与角色变迁

改革开放后，国家与社会开始出现分离，使一个自主性的和具有现代性意义的国家成为可能。国家将部分社会事务的支配权交给社会组织或社会成员，让社会自主力量管理国家让渡出来的空间，同时国家逐步从微观经济和私人生活领域中退出，通过市场力量自主调节。这使得国家不再以直接参与经济的角色出现在社会管理中，开始成为市场的规制者和监管者，从而使国家行为的公共性成为可能。

但是，在转型时期的中国，国家与社会关系的调整是以国家主动让渡空间出现的，表现为“可控式”放权改革，“在改革动力上，一方面来自于社会基于生存理性对统制主义的冲击，另一方面基于新的权力内核对统制主义及集体体制的深刻反思；在改革路径上，权力内核首先发育新要素来取代旧要素，并运用新要素承接旧体制遗留下来的问题，重新整合社会。随着改革深化，权力内核愈来愈注重通过控制和分配资源调整利益关系并控制社会”[②]。在可控式改革中，国家拥有对社会的较大自主性。这使得国家在与社会互动的过程中，既会放开部分社会空间，又会维持部分国家的垄断权力。

国家角色的变迁直接影响到我国农村经济合作组织的发展。具体说来，随

① 《农经司到山东潍坊调研农民专业合作社和土地流转情况》，国家发改委网站，见 http://www.sdpc.gov.cn/gzdt/t20120220_462176.htm。

② 徐勇：《内核—边层：可控的放权式改革——对中国改革的政治学解读》，载《东方》2002年第12期。

着家庭联产承包责任制和市场经济体制改革的推进，以及村民自治、农村税费等改革，国家越来越多地退出农村的传统治理范围，为农村经济合作组织释放出大量的发展空间。但由国家主导的改革模式决定了改革开放以来农村经济合作组织的发展具有双重特征，即一方面国家放开部分社会空间，鼓励农村经济合作组织的发展；另一方面国家维持在部分领域中的主导权力，使农村经济合作组织的发展受到一定程度的制约。随着改革的深化和农村经济合作组织的快速发展，国家开始更多地主动调适与社会环境的关系，从而使得农村经济合作组织的发展现状与国家和社会的相互关系更为密切。目前，我国农村经济合作组织发展的阶段性、政策支持的多源性、行业分布的不均衡性等特点不同程度地成为国家与社会关系不断进行调整与博弈的现实选择。

（一）农村经济合作组织发展中的国家限制

农村经济合作组织发展中的国家限制表现为中央和地方在农村经济合作组织发展过程中的一致性，即地方严格贯彻实施中央的政策精神，农村经济合作组织发展呈现出较为广泛一致的特点。这主要表现在两个方面：一是合作组织发展的阶段性；二是合作组织行业分布的不均衡性。

1. 农村经济合作组织发展的阶段性。

从合作组织的发展阶段来看，农民合作的需求在家庭联产承包责任制以后就开始萌发了，但农村经济合作组织的快速发展却是在 90 年代末才开始的。这在一定程度上说明合作组织的逐步发展与国家对合作组织的调控相关。

1978 年以后，国家权力从社会领域和经济领域收缩，推行以家庭联产承包责任制为基础的农业改革政策，国家行政权力全面渗透农民生活的关系开始松动，农民获得了生产和经营的自主权，成为一个独立的经营主体。农民有了生产经营自主权，也就意味着对自己的劳动拥有支配权，可以在农业生产之外寻找新的就业门路，创造新的财富。因此，在国家不断调整与社会关系的背景下，农民具有了自主经营权、对村集体的独立权和对国家的独立权，这为农民开始进行个体意义上的联合提供了条件。80 年代中期起，各种农民联合组织在全国逐步发展。1987 年，全国农村专业协会为 7.8 万个。[①]

① 杜润生：《当代中国的农业合作制》（下），当代中国出版社 2002 年版，第 175 页。

但1993年之前，国家对农村中出现的各种合作形式允许其自行发展，仅仅提出由供销社和科协指导，并没有进行政策规定，对其属性也没有加以确定。1993年年底，国务院明确农业部作为指导和扶持农民专业协会的行政主管部门，同年农业部开始在陕西、山西、安徽等地进行农民专业协会立法和管理试点工作，并与国家科委联合下发了《关于加强对农民专业协会指导和扶持工作的通知》，对农民专业协会的性质、地位和作用进行了阐述，要求各地为专业协会的发展创造好的环境，主动引导合作组织的发展，因此合作组织在这一时期有较大发展。据中国科协统计，1998年我国共有各类农村专业协会11.56万个，会员农户620余万，占全国农户总数的3.5%。①

21世纪以来，破解“三农”问题已成了国家政策的重中之重，农民增收、提高农业生产力、发展现代农业再次成为焦点问题，亟待解决。在此背景下，国家对合作组织的定位逐渐明确，承认其合法地位并开始进行合作社立法工作。在国家关于合作组织的立法尚未出台之前，各省市制定了相关的政策优惠措施，合作组织在各地政府的推动下开始迅速发展。沈明高等学者于2003年进行的调查可以说明这种发展趋势。根据他们的调查，改革开放初期，合作组织几乎没有系统的发展。在受调查的290个农民专业协会中，1994年以前的农民专业协会14个，仅占全部合作组织的5%；90年代中期合作组织的数目明显扩大，1994年到1997年间组建的合作组织一共有34个，占全部合作组织的12%；增长最快的是2000—2003年，这一时期产生的合作组织数量占全部合作组织的83%，平均每年有40个合作组织新建起来。②

2007年《农民专业合作社法》的实施明确了合作社的市场主体地位，对合作社的组织和行为进行了适当的规范，标志着农村经济合作组织发展进入一个新阶段。统计表明，截至2011年上半年，农民专业合作社实有44.6万个，入社农

① 孔祥智、史冰清：《我国农民专业合作经济组织发展的制度变迁及政策评价（1978—2008）》，载《中国合作经济评论》2010年第2期。

② Shen, Minggao, Scott Rozelle and Linxiu Zhang: Farmer's Professional Associations in Rural China: State Dominated or New State - Society Partnerships, 2006 FED Working Papers Series, www.fed.org.cn.

户3000万左右，约占全国农户总数的12%。[①] 总体看来，21世纪以来，发动农民自身构建新型合作经济组织成了各级政府关于解决农民进入市场问题的普遍共识，新型农村经济合作组织的制度环境也正在向着逐渐完善的方向发展。

从我国农村经济合作组织的发展历程可以看出，合作组织的产生有很强的行政推动色彩，它的盛衰起伏都受到国家行为的影响，国家与社会关系的变化直接影响合作组织的发展。为更好地说明这一问题，本研究以济南市农村经济合作组织发展为例来进行分析。

《农民专业合作社法》颁布以前，济南市农村经济合作组织主要是以农村经济协会为主。合作社法颁布实施以后，政府采取宣传引导、政策扶持、典型带动、服务保障等综合措施，立足区位优势和资源禀赋，依托主导产业和特色品牌基地，引导农民积极创办农民专业合作社，农民专业合作社呈现出持续较快发展的态势。

表4－2　　　　济南市农村专业合作社发展统计[②]

	2009年	2010年	2011年6月
合作社数量（家）	2011	2658	2926
注册资金总额（亿元）	17.03	29.28	35.74
注册资金1000万元以上的合作社（家）	8	27	39
合作社成员总数（万人/户）	12.36	20.12	
合作社农民成员占全市农户比例	12.1%	19.7%	
辐射带动非成员农户（万人/户）	27	31.06	
合作社辐射非成员农户占全市农户比例	28.1%	32.33%	

总体上看，济南市农村专业合作社发展呈现出以下特点：

一是总量持续增加，增量逐渐下降。2011年上半年实有农民专业合作社2926户，出资总额35.74亿元，同比分别增长26.34%和55.02%。新登记271

① 李海涛：《全国实有农民专业合作社44.6万个》，《农民日报》2011年8月10日。

② 数据来源：济南市工商行政管理局网站，见http：//www.jngsj.gov.cn/。

户，同比下降12.01%；出资总额6.37亿元，同比增长32.43%。新登记户数中，下降较为明显的是农业生产资料的购买和养殖业，同比分别下降55.17%和59.17%。农民专业合作社进入成熟期变更调整阶段。

二是发展趋于理性，实力明显提升。2011年新登记农民专业合作社出资总额100万—500万元以上120户，同比增长21.21%；出资总额500万—1000万元以上19户，同比增长46.15%；出资总额1000万元以上12户，同比增长50%。出资总额的上升体现出合作社发展越来越受到出资成员重视，经济效益直接关系到合作社未来发展。经过近几年的快速发展，合作社逐渐由单纯数量上的增长转变为向规范化、标准化、产业化发展，成员数量达100余人的较大规模合作社越来越多，农民专业合作社可持续发展能力不断增强。

三是合作领域拓宽，品牌效应彰显。合作领域从种养业生产经营逐步向现代农业、农村生产技术服务业发展。农村二、三产业发展增速。新兴服务型合作社引领产品生产型农业向服务型农业转变，加快了农业产业集群的发展。农民专业合作社更加注重品牌建设和市场营销。全市农民专业合作社已注册商标356个，160多个农产品获得无公害产品认证，18个产品获得绿色食品认证。

2. 农村经济合作组织发展的产业分布。

合作组织发展过程中的国家限制主要从其产业分布的纵向同质性上进行观察。当前，我国农村经济合作组织以农民专业合作社为主要表现形态。根据统计，合作社的发展已经逐步拓展到种植、养殖、农机、植保、技术信息等多个行业，但其中主要分布在种植业和畜牧业，并呈现出纵向分布的同质性特征：在国家的层面上，从事种植业的专业合作社大体占43.3%，从事畜牧业的专业合作社占29.7%，合计达到73%；在省一级的层面上，山东省从事种植业的专业合作社有24594个，占总数的49.4%，其次为养殖业16669个，占总数的33.5%。[①] 在地市发展的层面上，根据济南市农业局经管处2010年第二季度季报表的数据，截止到2010年6月份，济南市共有农村专业合作社2316个，主要分布在六大领域。其中，种植业的比重最高，占到合作社总数的

① 国研中心市场经济研究所课题组：《我国农民专业合作社发展的现状、问题与政策建议》，见http：//www.ccfc.zju.edu.cn/a/hezuozatan/2012/1031/13397.html。

43.7%；其次为畜牧业，比重为40.2%；其他产业为16.1%（参见图4-1）。这与种植业、养殖业在农业生产总产值中的比例正相关①，也与2003年全国人大农业与农村委员会对全国合作组织的调查结果②非常一致。

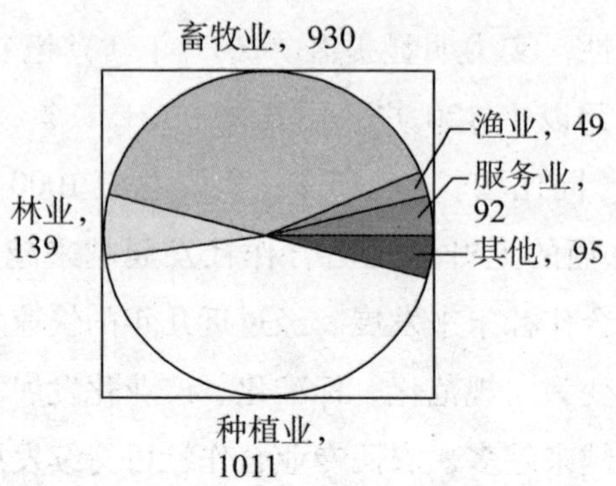

图4-1 济南市农村专业合作社统计图（单位：家）③

但是通过对数据的进一步研究发现，合作组织的产业分布并不是与农业产值比重完全一致。在山东，合作组织中涉及粮食、棉花、油料等大宗农产品行业的数量较少，只有230个粮食产业的合作组织，仅占合作社总数的12.5%，远低于粮棉油等大宗农产品在农业总产值中的比例；而蔬菜、水果行业的组织数占总数的比例较高，远高于其行业产值在农业总产值中的比例。④另外，济南市2010年6月份家庭承包耕地流转总面积32.05万亩，但流转入专业合作社的面积只有3.32万亩，比重仅为10.36%。⑤而从我国的考察情况来看，农村经济合作组织中的金融和保险类组织则更加缺乏⑥。

① 2009年，中国70.20%的农民专业合作社的产业分布于种植业和养殖业。参见《2009年一季度全国市场主体发展报告》，国家工商总局门户网站，见hppt：//www.saic.gov.cn，2009年5月11日。

② 全国人大农业与农村委员会课题组：《农民合作经济组织法立法专题研究报告（一）》，载《农村经营管理》2004年第9期。

③ 济南市农业局经管处：《济南市农村经营管理情况2010年第二季度季报表》，见http：//www.jnny.gov.cn/nytj/nytj_ detail.asp？id=2933。

④ 这和山东省粮食、油料、棉花产量居全国第二的经济指标不相称。参见《全国各省市主要经济指标（2008）》，山东省统计局网站，见http：//www.stats-sd.gov.cn/tjsj/nj2009/indexch.htm。

⑤ 济南市农业局经管处：《济南市农村经营管理情况2010年第二季度季报表》，见http：//www.jnny.gov.cn/nytj/nytj_ detail.asp？id=2933。

⑥ 虽然十七届三中全会就提出"允许有条件的农民专业合作社开展信用合作"，但是直至2012年中央1号文件提出要"有序发展农村资金互助组织，引导农民专业合作社规范开展信用合作"，我国农民专业合作社的信用合作一直没有较大推进。

相比较而言，国外合作社的行业分布则覆盖了农业生产的各个领域，尤其是大米、小麦等粮食作物，构成了其中的重要合作内容。比如在法国，合作社收购的农产品中，牛奶占50%以上，谷物占71%，通过合作社出口的谷物占45%，鲜果占80%，肉类占35%，家禽占40%；在日本，农协提供的农产品和生产资料占市场销售的绝大部分，其中米面占95%，水果占80%，家禽占80%，畜产品51%，肥料占92%，饲料占40%，农机占47%，农药占70%。① 此外，合作社还涉及金融、保险以及社会服务等领域，日本农协的信用和保险事业十分发达，农协的保险事业所持有的合同金额仅次于日本最大的保险公司，据1994年决算，平均每个农协的盈余金额为7千万日元，但按部门分析，赢利的只是保险和信用事业，而购买、销售等其他事业常常需要信用事业的盈余来支持。②

由此可以看出，合作组织的发展水平虽与农业的商品化、社会化和现代化程度相关，但合作内容的局限性主要是因为受国家不同程度地宏观控制。在转型时期，国家放开了大部分农产品的统购派购，但仍对部分农产品和物资实行一定程度地调控，使某些政府部门拥有经营特许权，增加了农民进入市场的难度。从这个角度分析，农村经济合作组织的发展领域与分布体现了改革开放后国家对社会放权的程度。

（二）农村经济合作组织发展中的政府角色变迁

国家不是一个有清晰目标导向的连贯统一整体。现实的国家是由多种不同部分组成的，这些组成部分相互促进，或者相互冲突，在政府角色变迁中影响着合作组织的发展空间和行动路径。

1. 地方政府的制度创新。

合作组织分布的纵向同质性表明中央政府和地方政府在农村经济合作组织发展过程中具有相当的一致性，即地方严格贯彻实施中央的政策精神，农村经济合作组织发展呈现出较为广泛一致的特点。但是随着地方政府改革和自主性

---

① 农业部农业产业化办公室：《借鉴国外合作社经验，应对WTO的挑战》，载《农业经济导刊》2002年第4期。

② 〔日〕太田原高昭：《日本农协的组织、机能及其运营》，载焦必方：《日本的农业、农民和农村——战后日本农业的发展与问题》，上海财经大学出版社1997年版，第219－220页。

的增强，不同地方政府开始进行创新和探索，形成对合作组织发展需求的快速回应。

以山东省为例。山东是中国的农业大省。2008 年农村人口 5860.34 万人，占全省总人口 62.39%，高于全国平均 56% 的水平；山东省 2008 年耕地面积 6321.48 千公顷，[①] 占全国的 0.52%，但 2008 年山东省农林牧渔业总产值 5613.0 亿元，位居全国第一；粮食、油料、棉花产量居全国第二，水果、肉类、水产品产量居全国第一。[②] 由此可见，山东是我国典型的农业大省，发展农民专业合作经济组织有其独特的产业优势。

截止到 2009 年 3 月份，山东省共有 1.5 万个合作社，仅低于山西，位居全国第二，[③] 但是合作社的出资总额和成员数量却低于江苏省。在这样的背景下，山东省在扶持合作社规范化发展的同时，特别注重以灵活政策支持其做强做大。2009 年 9 月，山东省工商局发布《关于充分发挥工商行政管理职能作用积极推动农民专业合作社又好又快发展的意见》，在全国率先允许农民异地加入或领办农民专业合作社；允许农民专业合作社设立分支机构、入股公司；允许农民成员以土地承包经营权、林权等出资加入农民专业合作社；允许农民专业合作社冠省行政区划名称。[④] 这些举措打破了地域和对人的身份约束，消除了农民专业合作社向外发展的障碍，有利于农民专业合作社实现规模效应。

山东省的另一项地方政府创新表现在对农民专业合作联合社的登记管理上。自 2007 年 7 月 1 日《农民专业合作社法》实施以来，合作经营的规模化、产业化竞争优势日益显现。但由于我国合作社平均农户水平较低，出资额度不高，加之资金和人才缺乏，导致多数合作社的规模和市场竞争力仍然相对有限。在这样的条件下，中小合作社往往面临进一步扩大经营规模和自身条件不

① 《山东省农业生产基本条件》，山东省农业厅网站，见 http：//www. sdny. gov. cn/col/col51/index. html。

② 《全国各省市主要经济指标（2008）》，山东省统计局网站，见 http：//www. stats - sd. gov. cn/tjsj/nj2009/indexch. htm。

③ 《2009 年一季度全国市场主体发展报告》，国家工商总局门户网站，见 hppt：//www. saic. gov. cn，2009 年 5 月 11 日。

④ 《山东注册农民专业合作社 2.6 万户居全国第一》，见 http：//news. xinhuanet. com/fortune/2010 - 01/03/content_ 12747499. htm。

足的矛盾。随着外部市场竞争的不断加剧和合作社业务量的不断扩大，矛盾日益明显。为进一步扩大经营规模，农民专业合作社联合社这一新生事物应运而生。但是，在当前法律框架下，联合社作为一种新生经济组织，在立法方面是一片空白。设立登记无法可依，农民专业合作社联合社的独立主体资格（包括主体资格及经营资格）在全国范围内尚未被完全承认，使得部分合作社联合体在打响联合产品品牌、进行大单交易以及进一步掌握市场主动权等方面，受到了一定的限制。①

面对合作社发展中主体联合需求与法律限制的矛盾，山东省开始寻求法制上的突破和政策上的创新，为其可行性寻求合理的支持。2013 年 5 月，山东省工商局和农业厅联合印发《山东省农民专业合作联合社登记管理意见》，规定“合作联社是农民专业合作社根据发展需要，在自愿基础上共同出资组建的互助性经济组织，属于农民专业合作社范畴，其登记管理适用《中华人民共和国农民专业合作社法》、《农民专业合作社登记管理条例》和《山东省农民专业合作社条例》的规定”。成为继天津、湖北之后全国第三个出台农民专业合作社联合社登记制度的省份。

这种地方政府突破制度约束的探索意味自上而下的同质性的政策供给已经难以满足社会差异化的需求结构，单一中心、层级节制的公共行政模式将逐渐成为历史。分权化的权力格局和分割化的公共政策有助于加速政府责任承担方式的变革，促成适应社会需求的新治理方式。

2. 合作组织政策支持的多元性。

在现有的政治体系中，有多个部门与农村经济合作组织的发展密切相关。以市县范围为例，既有农业局、财政局、工商局等行政部门，又有科协、农机站、气象局等事业单位，还有供销社、信用社、共青团等其他组织。由于当下中国农村合作组织的发展呈现一种开放性的格局，服务需求往往是综合性的，需要在不同的专业部门和服务之间进行有效协同。因此这种部门化、专业化的多主体供给格局在促进服务专业化的同时，也为促进农村经济合作组织的快速发展提供了有效的多元动力和弹性激励。本研究将以山东省济阳县为例来进行

① 方云中：《创新农民专业合作社联合社登记制度》，载《中国工商管理》2011 年第 2 期。

分析。

截至2011年4月份，济阳县发展各类农民专业合作社345家，其中省级13家，市级41家，带动农户3.21万户，年可实现经营收入2.1亿元。在此过程中，不同涉农部门采取多方位措施促进合作组织发展，具体表现为：

济阳县农业局：通过积极争取国家和省、市各级财政专项资金376万元，先后对全县54个农民专业合作社给予了扶持奖励，并根据《济南市农民专业合作社示范建设标准》，由每个乡镇（街道）推荐2—4家合作社，将其纳入“济南市级示范合作社库”，并作为市级合作社示范社重点培植，组织专人进行指导，培植了一批内部运作规范、经营规模大、品牌效益高、带动能力强的农民专业合作社。

济阳县工商局：积极帮助农民专业合作社申请注册商标，引导农民专业合作社走产业化、品牌化发展道路，打造具有自身特色的商标品牌。其主要做法：第一，免费代理商标设计。对有意向申请注册商标的合作社，在充分考虑其经营的产品类别、所属行业、企业名称、地域特点等元素的基础上，与商标事务所沟通协调为其免费设计商标图案，在保证商标符合其自身形象的同时可以为合作社节省商标设计费用800余元。第二，全程代理商标注册。合作社申请商标注册只需提交相关材料即可，其他事项都由工商部门承担，并实行送证上门，充分激发合作社申请商标注册的热情。第三，定期进行商标回访。结合商标监管服务“三书三表”制度，对合作社的注册商标使用情况进行跟踪服务，指导合作社规范、合理的使用商标资源，不断提升自身竞争力。2011年11月之前，已帮助18家农民专业合作社成功注册了商标。

济阳县团县委：认真落实“党群共建、创先争优”的要求，结合农村经济的发展需求，积极发挥团组织在农村经济合作组织中引导、服务、管理作用，以“青春建功新农村行动”为统揽，大力培养农村科技致富带头人，培育农村青年特色产业基地，引导青年农民争当新农村建设排头兵；团县委还打破原有格局设置，创立农村专业合作社联系会，按照合作社的服务性质不同，由每个类别中发展较好的合作社为牵头单位，开展经常性联谊活动，促进各合作社在科技知识、政策等方面互通有无，共同进步。

济阳县农村信用联社：作为当地农村金融的主力军，济阳农村信用联社采取多种行之有效的措施，全力支持农民专业合作社的培育、壮大，开辟农民步入专业合作社发展的“绿色通道”。济阳县大华兔业专业合作社成立于2007年9月，主营业务为本社社员提供家兔优良品种、疾病防疫、饲料的购买，并负责技术培训等相关的信息服务，是济阳县市级示范合作社。该合作社在实现跨越式发展的过程中，为扩大规模需购进种兔、饲料，急需资金50万元。济阳农信联社得知情况后，向大华兔业专业合作社伸出热情之手，以开展优质服务为突破口，全力扶持其做大做强。在该联社的信贷支持下，全社成员养殖家兔从当初的6700只发展到现在的10万多只，为成员户创造的利润也同比增长了40%。在全面支持专业合作社发展的同时，济阳农村信用联社为避免专业合作社过速、过猛和不合规发展，严格信贷管理，强化风险控制，为专业合作社把脉问诊，使农民合作社真正发挥出自身的社会效应，也走出了一条合作共赢之路。

济阳县国税局：为扶持农民专业合作社发展以促进当地农民增收，国税局重点开展以下工作：第一，认真开展调研，梳理服务需求。该局通过走访调查、召开税企恳谈会等形式深入了解了专业合作社在税收优惠政策以及纳税服务等方面的需求情况，积极寻找对策扶持合作社发展。第二，不断加大税法宣传力度，有针对性地开展纳税辅导。在为纳税人送去税收优惠政策，帮纳税人解读增值税暂行条例、企业所得税法中有关涉农优惠政策的同时，该局还注重对纳税人进行核算指导，帮助农民专业合作社建立健全会计核算、财务管理等制度。第三，不断优化纳税服务，努力为农民专业合作社办理涉税事务提供便利。相继出台和完善了全程服务工作制度、首问责任制、一次性告知制度、AB角工作制度和延时服务制度等个性化服务制度，尽心竭力为合作社提供有效服务。一系列措施的落实，有效整合了各个农户发展的合力，推动了农村经济发展。2011年，济阳县农村专业合作社免税销售额达到33537289.36元，享受减免增值税税额2799207.8元，减免企业所得税税额499694.82元。

由于当下中国农村经济合作组织的发展是一种开放性的格局，服务需求往往是综合性的，这需要在不同的专业部门和服务之间进行有效协同。所以农业局、工商局、团县委、农村信用联社、国税局等多元主体供给格局在促进服务专业化的同时，也为促进农村经济合作组织的快速发展提供了有效的多元动力和弹性激励。

但是，以上部门虽然都在以各自方式支持合作组织的发展，但由于其资源实力、市场竞争程度、服务绩效不同，服务方式也呈现出多元化和差别化特点。这势必会增加合作组织寻求服务的成本和衔接各项服务的难度。另外，这种政府条块分割体制下的惯性运作，会使得行使国家权力的不同部门之间经常性地出现利益博弈。如果多部门竞争一项服务需求，且缺乏优胜劣汰的竞争机制，必然造成对合作组织财政扶持资金的过量需求，且专业化发展动力不足。[①] 这对农村经济合作组织的发展既有机遇也有挑战，需要根据管理政策上的弹性来进行积极回应和修正。

3. 国家行为的非连续性。

国家行为的角色变化还可以从农村经济合作组织具体发展的过程进行分析。以济南市长清区 JG 玉杏种植专业合作社为例，该合作社是依托张夏镇万亩玉杏基地这一品牌优势，在着力发展都市观光农业，做大做好“杏花游”、“采摘游”和“农家游”的基础上，由 YZ 村前任支部书记 DLH 积极组织建立的。该合作社的建立为当地发展玉杏产业，改变农户单打独斗、分散生产经营、扭转收入不稳定的局面提供了良好的平台。合作社成立后，实行统一管理、统一包装、统一销售，保证社员稳定经营的合作经营机制，同时大力引进推广适销对路的优良品种，辐射带动周边 20 个村、2600 多户农民建成集中连片玉杏种植基地 1 万余亩，总产量达到 350 万千克，产值 2000 余万元，人均增收 4000 余元。[②] 在 2010 年 3 月份农业部发布的第 1364 号公告中，该合作社申请的张夏玉杏经过初审、专家评审和公示，符合农产品地理标志登记程序和条件，获准实施农产品地理标志保护。其地理标志地域保护范围为长清区张夏镇所辖 17 个行政村，地理坐标为东经 116°43′—117°03′，北纬 36°23′—36°30′。[③] 同时，济南市农业局为不

---

① 仝志辉：《我国农村社会化服务体系的“部门化”及其改革》，载《理论视野》2007 年第 8 期。

② 《显山露水的休闲旅游——张夏镇发展生态休闲游纪实》，人民网，见 http：//sd. people. com. cn/n/2012/0718/c173253 - 17256067. html。

③ 《中华人民共和国农业部公告第 1364 号》，中华人民共和国农业部网站，见 http：//www. moa. gov. cn/zwllm/tzgg/gg/201006/t20100609_ 1547901. htm。

断提高农产品质量安全水平和市场竞争力，提升认证品牌的影响力、公信力，于2010年7月根据《济南市“三品一标”奖励办法》，对获得地理标志登记产品的JG玉杏种植专业合作社奖励10万元。“国家农产品地理标志”称号进一步提升了张夏玉杏的知名度和市场竞争力，加快了农业产业化的步伐，合作社的发展前景非常广阔。但是2011年5月该村村支书的改选却间接影响到了这个合作社的发展。[①]

本案例中，JG玉杏种植专业合作社发展受村组织的影响可见一斑。现实生活中，村组织既是村民与国家打交道的重要组织载体，又是村民社会保障的重要提供者。一方面，村组织是国家政权在村社的延伸。与改革开放前相比，国家直接控制村庄的权力减弱，但是国家依然通过村委会和村支部对村民进行一定程度的控制。首先，土地的所有权和分配权依然在村委会手中。《中华人民共和国土地承包法》规定，“国家所有依法由农民集体使用的农村土地，由使用该土地的农村集体经济组织、村民委员会或者村民小组发包”。《村民委员会组织法》第五条规定：“村民委员会依照法律规定，管理本村属于村民集体所有的土地和其他财产。”因此，村委会实际上拥有村集体资源的支配权。果园、山林、土地等资源，水利设施、企业、大型农机具等的管理权都掌握在村委会手中。其次，村委会是村民与国家打交道的中介，当村民涉及一些事务时，比如开具户口迁移、批准电力水利连接等都需要村委会的批准，从这个意义上说，村委会对村民而言具有“准行政”职能。再次，国家通过委任村委会部分行政职务，比如收税、计划生育管理、统计报表、粮食收购等，使得村委会成为国家政策执行的工具。[②] 最后，中国共产党在村级设立基层组织，并在《村民委员会组织法》中规定村支部发挥领导核心作用，这样国家就可以通过党的系统来贯彻自己的旨意。[③] 景跃进指出：“在实际运作当中，村支部不仅仅起着政治领导的作用，更重要的是扮演了国家行政机构的角色，行使的

---

① 2012年12月10日，在该村现任村支书的办公室，当笔者在访谈中问及该村有无合作社时，村支书直接否认，回答说“没有”。而对村民的采访证实该合作社仍合法存在。

② 李姿姿：《中国农民专业合作组织研究》，中央编译出版社2011年版，第151页。

③ 李姿姿：《我国农民专业合作组织的合作模式初探》，载《农业经济》2010年第4期。

是国家行政权力。”[1] 这使得村支书成为村社实际的权力核心。而村民委员会“事实上只是国家控制乡村的另一种方式”[2]。因此，尽管村不是一级政府单位，但是由于它履行了部分政治和行政职能，可以将其看成国家政权在村社的延伸。

由于现在的农民专业合作社多是以村为边界，所以村组织对集体经济的支配权、对土地的调整以及争取上级政府的资助等变化都会直接或间接地影响到合作社的发展。如何再造村组织与合作组织之间的关系，将成为影响合作组织持续发展的重要因素。

第三节　农村经济合作组织的发展策略

从我国合作组织的发展实践来看，由于国家与社会关系中的权能结构不对称，农村经济合作组织正面临被异化的发展。[3] 如何改变它们与政府的关系，使之朝着有利于自己发展的方向变化，进而有效地实现组织目标并影响政府策略，成为农村经济合作组织发展过程中需要关注的重要议题。

一、积极政治定位吸纳政府支持

合作组织的注册登记保证它拥有了一个符合法律程序的身份，但其在市场经济中的竞争因为涉农企业的强势地位而受到很大程度的压缩和限制。要在农业发展的大环境中具备更好的发展空间和竞争能力，就要获取来自政府的更多支持。

多数合作组织以政府的需求偏好设定自己的行动边界与导向，从而获得政府权威的认可与授权。具体说来，合作组织有两种活动方式：一是积极介入国家

---

① 景跃进：《党、国家与社会：三者维度的关系——从基层实践看中国政治的特点》，载《华中师范大学学报》（人文社会科学版）2005 年第 3 期。

② Alpermann Bjrn. “The Post - Election Administration of Chinese Villages.” The China Journal, NO. 46 (Jul, 2001).

③ 应瑞瑶：《合作社的异化与异化的合作社———兼论中国农业合作社的定位》，载《江海学刊》2002 年第 6 期。

体制。多数合作组织在行动之初便要对本组织的活动进行理性定位，除了通过注册登记获得合法身份之外，还要对合作组织的职能进行引申和重构，主动把合作组织纳入政府相关部门的行政职能延伸中，以政府所期望的方式来实现自己的组织目标。比如 QZ 市 YRL 专业合作社章程中强调："本社接受 QZ 市林业局、YD 街道及有关部门的领导和监督"；LC 市 XM 水利排灌专业合作社规定的主要业务范围包括宣传贯彻国家有关农村工作的方针、政策和水利法律法规，服从本乡镇总体水利建设规划和用水计划要求，负责本区域的灌溉管理工作；维护水利设施安全正常运行，防止人为破坏与丢失，配合政府和水管部门搞好水利建设，干渠防汛和抢险等工作等等。二是主动引入国家符号。合作组织的发展空间有赖于政府部门的认可与支持。为此，部分合作组织将自己的活动同政府行政权威联系在一起，从而借助这种联系获得比较稳定的政治与社会支持。这方面比较普遍的做法是邀请政府部门相关人员介入合作组织的活动，包括担任名誉顾问、参观指导工作等。在这方面，SG 市 SC 协会非常具有代表性。它不但邀请当地农业局、民政局、质量监督局、宣传部和工商局等部门领导担任其常务会长，而且还在协会中设立党支部，并在 2010 年推荐发展 12 名党员。

合作社通过准确界定工作边界和主动接受指导与监督这种积极的政治定位来吸纳政府部门的支持和认可。这种积极介入国家体制的做法强调合作社与农业政策的有机衔接和其在农业发展中发挥的建设性作用，在增强组织合法性的同时也为合作社的活动开展提供较为稳定的行动空间。

二、功能多元化提升发展张力

合作组织的发展虽然有《合作社法》等政策法规的界定和保障，但是其自身资源优势对政府的多功能补足使其活动空间具有更大弹性。在这样的背景下，合作组织既要寻找与政府的利益交叉点，又要寻找基于资源优势而能够分享的参与空间，这就需要最大限度激发政府的激励和相容机制，促使其资源的统筹、补给和协调都处在一个良性循环的状态。在这方面，合作组织强调以发挥多元功能来增加其在政府评价体系中的重要性。

在既有的政策实践和理论研究中，农村经济合作组织是农业生产关系的重要变革，为农村各项建设提供了有效载体。一般来说，农村经济合作组织的作用主要表现在它有助于推动现代农业发展，促进农民共同致富。对于新农村建设来说，农村经济合作组织是推动农业经营体制机制创新、提高农业生产和农民进入市场组织化程度的重要载体。但是，我们也应该看到，农村经济合作组织是改革开放后中国农村社会功能分化的结果。它不但在经济领域发挥了重要的作用，而且还在促进农业技术推广、增强社会服务能力、促动政府职能转变等层面重构农村社会治理格局。此外，农村经济合作组织还提高了农民的组织化程度，为农村社会化服务组织的改革和发展探出了新路，是解决“三农”发展难题、谋求未来长期发展的一个新体制基础。[①]

在中国社会转型的大背景下，农村经济合作组织功能的发挥涵盖到政治、经济等社会的多重领域，形成两种积极的角色定位：一是对政府需求与市场失灵的有效回应者。提供政府需要而市场又无力提供的服务，以自己的专业能力帮助政府解决农业问题。二是社会治理的积极参与者。通过其较强的集体行动能力和阶段深化的规模扩张、资源积聚来展示自身的价值与功能，从而推动乡村权力结构调整，进而影响乡村治理格局。从这个意义上来说，合作组织所具有的这种正外部性的功能结构很容易形成广泛而稳固的多层次的社会支持网络，使其与政府的相互关系呈现出多样性的特点。

三、多元策略拓展发展空间

农村经济合作组织的重要性在政府评价体系中与日俱增，但是现有的制度和政策规定仍在很大程度上限制了其发展空间。从合作社的“专业性”与“综合性”之争，到专业合作联社法律地位的尴尬，都说明农村合作需求与法律限制间的矛盾愈发尖锐。[②] 加之大量的合作组织同构性太高，角色重叠，合作组织往往基于其资源优势、行为激励和角色定位的不同，采取多元化策略来提升其行动能力、拓展其发展与竞争空间。

方法一是间接突破政策限制。合作组织的发展往往伴随着规模的扩大和空间的拓展。但是我国现有的社团登记管理条例规定：“社会团体的名称应当与

① 韩康：《关于新型农业合作化问题》，《学习时报》2006 年 7 月 27 日。

② 方云中：《创新农民专业合作社联合社登记制度》，载《中国工商管理研究》2011 年第 2 期。

其业务范围、成员分布、活动地域相一致，准确反映其特征”，“社会团体不得设立地域性的分支机构”。为增强组织的行动能力，SG 市 SC 协会的做法是间接突破。该协会于 2004 年成立后，在全国各地十几个省份发展分会 150 余处。为取得该活动的合法性，该协会“利用其丰富的网络资源，积极探索网上建团的新路子，成立了 SC 协会团总支，150 处分支协会全部成立团支部，把遍及全国十几个省份的近 2000 名团员青年联系在一起”。分会延伸与团支部建设同步进行，既突破了现有政策的限制，又能在官方许可的范围内进行扩张。这种方法在很多农村经济合作组织中都有不同程度的表现。

方法二是在现有的政策缝隙中寻求最大发展空间。比如前文所述的政府部门的多头领导使得作为一个整体的国家力量被“割据化”[①]，但却为合作组织利用多重身份进行发展提供了弹性空间。这方面比较典型的例子是 QD 市 DX 合作社：由于政府多头领导，加上注册合作社既没有要求必须注销之前的协会，又没有要求将领导人的企业并入合作社，原有协会、企业与合作社的存在并不矛盾，因此出现了协会、企业、合作社一体化的现象，即一套人马三块牌子，这就十分有利于合作组织以多种身份向多个部门申请资助与扶持。调研发现，DX 合作社的政府扶持不仅来自农业系统，还来自科技系统、工商系统等，原因就是该合作社有着协会、合作社、农村经纪人等多种身份。[②] 合作组织的这种多元行动逻辑交织成农村社会的复杂发展空间，可能引发乡村治理中权力秩序的深度变化。

对我国农村经济合作组织发展历程的探讨，既可以看到国家对农村合作运动的主导与控制，又可以看到推动农村合作运动自下而上蓬勃发展的民间力量，体现了国家与社会互相影响和互相形塑的新型关系。农民基于自我利益需要进行的联合并不意味着它是对国家力量的否定。相反，它是国家与社会之间进行重新整合的过程，表明国家与社会开始以新的方式进入对方，建立国家与社会之间新的连接渠道。

---

① 程金华、李学尧：《法律变迁的结构性制约——国家、市场与社会互动中的中国律师职业》，载《中国社会科学》2012 年第 7 期。

② 见 http：//ipub. zlzx. org/zghzjjpl/file/zghzjjpl10 –3. pdf，2012 年 4 月。

第五章 CHAPTER 5

我国农村经济合作组织的基本功能

◇ 农村经济合作组织的经济功能

◇ 农村经济合作组织的政治功能

◇ 农村经济合作组织的社会功能——以合作社参与农业科技推广为例

第一节 农村经济合作组织的经济功能

农村经济合作组织的首要特征是其经济性。世界各国农业和农村的发展充分展现了合作组织在经济领域的多元功能。联合国大会也从 1992 年先后通过了五次决议，明确指出合作组织“正成为经济和社会发展的重要因素”，并强调各国要为合作组织的发展提供一个支持性环境。[①]

从我国农村经济的发展实践来看，农村经济合作组织的经济功能也日益明显。2013 年中央一号文件指出：“农民合作社是带动农户进入市场的基本主体，是发展农村集体经济的新型实体，是创新农村社会管理的有效载体。”发展农村经济合作组织，是农业生产关系的重要变革，为农村各项建设提供了广阔的平台。

一、提高组织化程度，降低农业经营风险

经济体制市场化改革将农民卷入了市场经济的大漩涡。在市场经济的大背景下，各参与主体竞争力的强弱是和其组织化程度呈正相关的。但中国传统小农的生产方式一直固化了农民的分散格局。改革开放之初家庭联产承包责任制的推行，虽然曾极大地解放了农村生产力，但也在很大程度上加剧了农民原子化的状态。与此同时，中国加入世贸组织和市场经济的深化改革都对农业经济的发展形成很大冲击。分散进入市场的农民在这种状态下显得孤立无援，既不能获得市场谈判的平等地位，也无法在产品市场和要素市场上讨价还价，只能成为市场价格的被动接受者。而且农民自身的利益要求没有相应的渠道进行表达，权益受损时也无力去进行维护。

农民经济合作组织的发展改变了这种状态。合作组织“是由它的成员自

① 穆励：《合作社是推动经济发展和社会进步的重要力量》，载《中国集体经济》2002 年第 8 期。

愿联合组成的为满足他们共同的需求服务的自助经济组织。它立足于相互的自助，也就是，自助基础上的互助，互助支持下的自助。它的根本出发点是人们自愿联合起来，依靠联合的力量，自力更生，克服他们面临的经济困难，提高他们的生活水平和生命质量，促进社会进步”[①]。分散的农户通过组织与合作，促进了资金、技术、市场和信息等资源的共享，扩大了整体谈判的经济规模，从而可以有效地抵御来自各方面对农户利益的不合理侵蚀，改善农户在市场中的不平等地位。

农村经济合作组织还能帮助农民抵御农业生产过程中的自然风险和经营风险。我们都知道，农业的发展离不开自然界，受多种自然因素的影响。我国地域辽阔，地理环境千差万别，气象灾害、病虫灾害等农业风险更加复杂。近年来，由于温室效应而带来的全球气候变化明显，包括我国在内的世界各地自然灾害频发，农业的自然风险有日趋增强的趋势。农村经济合作组织通过成员之间的互助合作，一方有难、八方支援，能够尽快恢复生产，有效减轻灾害程度和农户的经济损失。

另外，农业生产还面临复杂多样的经营风险，如市场供求失衡和价格波动带来的农业生产大起大伏的周期性变动；虚假的农业生产资料和严重的环境污染带来的生产经营损失；农业技术引进与推广过程中的不确定性等等。在这样的条件下，农村经济合作组织以一个整体的形式参与市场交易，农户按分工进行生产加工，发挥合作优势，大大降低了农业生产的盲目性，形成农户利益的有效保护机制。合作组织还通过联合购买饲料、种子、化肥、农药等生产资料来选择比较可靠的供应商，降低市场对农户利益的侵蚀；并通过农业生产大户对新技术的试用和具体的指导，对农业科技进行有效的推广，从而制定统一的技术标准，创造产品品牌，增强农业经营的市场竞争力。

案例：辽宁省西丰县永得利蔬菜合作社[②]

在辽宁省西丰县，永得利蔬菜合作社为了“保证”加入合作社能够降低

---

① 唐宗焜：《合作社功能和社会主义市场经济》，载《经济研究》2007 年第 12 期。

② 刘同山、孔祥智：《关系治理与合作社成长——永得利蔬菜合作社案例研究》，载《中国经济问题》2013 年第 3 期。

生产风险，一方面充分利用乡土社会相互保险的传统，积极组织成员在灾后开展生产自救，另一方面与商业保险公司联系，出资为成员购买农业保险。在2007年雪灾中，合作社帮助成员将46个受灾的大棚重新支起40个，并从合作社公积金中拿出10万元支援受灾的菜农。为了应对气候灾害，自这一年起，合作社每年出资6万多元，连续3年为数百户成员的1000余个暖棚购买了保额为5000元的农业生产自然灾害保险。为了将相互保险规范化，合作社由党员带头成立了合作社“农业灾害保险互助组”，每个大棚100元的保费（合作社出资70%），最高赔付额为6000元。

2008年，合作社出头，经过多方奔走和多次与经销商谈判，最终成功为天德镇复兴屯67户因买到假劣农资而遭受重大损失的菜农争取到12万元的经济赔偿。此后，合作社又多次为菜农维权，累计为受害菜农挽回经济损失达40多万元。不仅如此，合作社还通过合作社党组织，为成员郭新君筹集善款46000元，用以帮助救治其患白血病的16岁女儿；为20名家庭贫困的成员送去了慰问金；让本地40个贫困农户免费使用一年合作社蔬菜产业示范园区的大棚。合作社还把本地的习俗作为打造合作社凝聚力的一种手段，通过设立合作社公益金，积极为成员就医、子女上学、红白喜事等提供资助或“随份子”，用人情来往从情感上获得成员的认同。

二、提升农业产业结构调整，促进农业产业化水平

农业产业化的基本特征是市场化、区域化、专业化、规模化、一体化、集约化、社会化和企业化。农业产业化经营以市场为导向、以提高经济效益为中心，对当地农业的支柱产业和主导产品实行区域化布局、专业化生产、一体化经营、社会化服务和企业化管理，把产供销、贸工农、经科教紧密结合起来，形成一条龙的经营体制。①

农村经济合作组织的作用在于：一是市场导向和专业化导向。合作组织的发展改变了农户生产什么就销售什么的传统农业状态，以国内外市场为导向，

① 《农村专业经济协会：服务新农村建设的重要主体》，《人民日报》，见http：//news. qq. com/a/20070723/000864. htm。

根据掌握的市场信息综合判断市场需求。在此基础上，结合合作组织自身拥有的资源、技术或产业优势，分析预测新的生产方向，进行产业定位，积极发展满足市场需求的、适销对路的名优新特农产品。合作组织的引导既改变了农业生产在固有产品上进行低水平循环的弊端，又改变了忽视市场调查、贸然参与市场的轻率习惯，有助于改变粗放落后的传统生产和经营方式，促进现代农业的发展。

二是一体化和社会化导向。农村经济合作组织根据当地的自然条件、种植习惯、经济基础等确定适合当地发展的产品以后，一般都通过其社会化的服务体系，为农民的专业化生产提供产前、产中和产后服务。服务范围涵盖农业生产一体化的信息、技术、资金、物资、经营、管理等各个环节，有效地促进了各生产经营要素紧密结合和运行，对提高农业产业化整体水平发挥了积极作用。截至2010年年底，全国已有2.4万个农民专业合作社通过了农产品“三品一标”质量认证（无公害农产品、绿色食品、有机农产品和农产品地理标志），2.6万个合作社拥有注册商标。①

三是区域化和规模化导向。农村经济合作组织通过统一采购、统一加工、统一销售来实现规模化生产经营。另外，合作社通过其产业发展的示范、带动和辐射作用，使其发展区域可以突破行政村的边界，结果往往是整个乡镇甚至县市的农民都被吸引进来，形成产品的区域化生产。现在很多农村地区形成的一村一品、一乡一业的格局，大多是在合作组织的推动引导下形成的。2007年年底，北京市密云县共有农民专业合作社283个，入社农户4.37万户，占全县总农户的43%，占从事一产农户的60%。另外，有75522户加入了分布在各社区的316个用水合作社。据不完全统计，2007年全县农民专业合作社销售总收入达3.9亿元，全县全部糯玉米，90%的肉鸡，80%的板栗、红薯，70%的鲜奶、柴蛋鸡，50%的鲜果、生猪，由农民专业合作社组织销售。② 这种各具特色的产业带、产业群，促进了农业生产的区域化布局和规模化生产，

---

① 国务院发展研究中心市场经济研究所“优化我国农产品流通体系的政策研究”课题组：《我国农民专业合作社发展的现状、问题与政策建议》，见 http://www.sdny.gov.cn/art/2012/11/1/art_621_321917.html，2012年11月1日。

② 徐仁发：《发展农民专业合作社深化农村经济体制改革》，载《北京农村经济》2008年第4期。

为现代农业的持续发展提供了充足动力。

案例：青岛市得兴果菜专业合作社①

青岛市得兴果菜专业合作社针对会员订阅报纸杂志少或不订阅报刊的现象和成员科技素质低的状况，创办了《德兴科技荐报》，把搜集的果树管理、果品行情走向、新品种、新技术等报刊信息经过筛选、整理、复印后，免费下发到成员手中。到目前为止，合作社已出版发行了38期，发给成员果农41000余份，发放配方施肥等明白纸63000多份。

合作社还先后聘请临沂、烟台、栖霞等地的农业专家和技术人员14人，开展各种大小技术培训22次。如聘请了临沂市原果树站站长刘淑兰及栖霞的林贵彦，烟台的徐召松等农业专家和农艺师到九山后、前河南、大王头、新庄等成员集中的村庄巡回讲课。秋季忙，白天没时间，就利用晚上时间讲，主要讲红富士苹果综合配套技术管理和无公害管理等知识。为尽快提高成员技术，合作社还购买了果树管理方面的VCD光盘，免费发给他们轮流看。为了开阔成员的眼界，与先进果农面对面的交流学习，提高管理技术，从2005年秋季开始，每年免费组织九山后、大王头、前河南、石柱洼等村的数十名成员到果树管理技术高的地方参观学习，共外出参观学习120余人次。这些举措使成员更新了观念，增加了对果树管理的投资、投工。

合作社每年直接与厂家联系购进低价纸袋、化肥、果树专用肥、反光膜、地膜等生产资料，低价供给会员。肥料价格低于非会员价格2—3元/袋。几年来，从厂家直接购进有机肥、生物肥、冲施肥、果树专用肥、返光膜、果袋等物资120多万元，为成员节省8万多元。同时，合作社还引进优良品种果苗、接穗120000株（个），改良当地的果菜品种。

对于家境比较贫困的成员，合作社无论在技术上还是资金上都格外照顾。2005年，洼子村成员姜金尧因做生益赔了钱，家里困难，村里人没有敢沾着他的，协会（合作社的前身，平度市祝沟镇德兴果品协会）知道后，会长孙

① 钟真：《山东省青岛得兴果菜专业合作社案例分析》，载《中国合作经济评论》2012年第4期本书采用时有编辑和改动。

德兴亲自登门找他将1200元的纸袋、化肥拿去先用。九山后村隋明亭因妻子常年有病，家境非常困难，合作社借给他4400元为妻子治病和给儿结婚。到2012年为止，赊给成员、果农的生产资料和借款达4.3万多元。这在一定程度上解决了果农菜农的资金问题，增强了农户的抗风险能力。

青岛得兴果菜专业合作社自2007年8月成立以来共为社员销售各种果品420余吨，经营总收入102万元，盈余2.1万元。提取公积金、公益金0.63万元后的可分配盈余为1.47万元，按成员与该社的果品交易量比例返还0.882万元占60%（即平均每向该社交售1公斤果品，可享受2.1分的盈余返还），返还后余额0.588万元占40%，以社员的出资额分配给该社成员，平均每100元出资额，可分到红利2.94元，按章办事受到社员的普遍欢迎。在合作社的带动下，加之2011年果品价格上扬，大大增加了社员的收入，2011年该社社员人均纯收入达到9672元，比非社员农民年收入（7216元）高出34.03%。

三、降低农产品交易费用，增加农民的经济收入

交易成本是“通过价格机制组织生产的，最明显的成本，就是所有发现相对价格的成本”、“市场上发生的每一笔交易的谈判和签约的费用”及利用价格机制存在的其他方面的成本。[①] 具体说来，农民买卖农产品的交易费用，主要包括界定和保障农产品产权的费用、发现交易对象的费用、讨价还价的费用、订立和执行交易合同的费用、监督违约行为并对之进行制裁的费用以及维护交易秩序的费用等。[②] 在市场经济条件下，农户与农户之间、农户与经销商、服务商之间进行了大量的交易，交易活动纷繁而复杂。由于交易成本与交易次数成正比，农村经济合作组织可以通过集中、直接、大批量地购买生产资料，将多个成员与市场的交易次数进行精简来减少交易成本。另外，合作组织的制度化联系促使农户之间的关系得以简化和固定化，同时合作组织利用对市场的调查预测进行大规模、稳定的农产品经营交易，这都有助于减少交易中的

---

① 〔英〕科斯：《企业的性质》，载盛洪：《现代制度经济学》（上卷），北京大学出版社2003年版，第106页。

② 胡光明：《从保护农民权益的角度论农民专业合作社的三大功能》，载《安徽农业科学》2007年第8期。

中间环节和不确定性，避免交易损失。

农村经济合作组织交易成本的节约反映在农民身上，就是直接增加了农民的收入。当然，农民收入的增加还有赖于合作组织带来的效率提升和产出增加。一方面，合作组织通过深化农业生产的专业化分工和加速农业科技的推广提高了劳动生产率；另一方面，合作组织按照交易量返还的原则，将农产品加工或销售后增值的部分利润返还给农民。农产品的产前、产后收益由过去的农外受益者手中转到农民自己手中，延长了农民的增收链条。据农业部最新资料显示，参加经济合作组织的农户比一般农户的人均年纯收入，通常要高10%到40%。[①]

案例：寿光市燎原果菜专业合作社[②]

寿光市燎原果菜专业合作社建于2000年，2007年在工商局正式注册。现有承包期20年的土地600亩，吸纳成员土地1000亩（1000个大棚），常年合作农户300多户，辐射带动周边5000亩。

合作社起着中介组织的桥梁作用，协调着农户的种植和公司的销售。合作社每年让每个成员报种植计划，再与田苑果菜生产有限公司的销售计划相对接，反馈给成员，在尊重成员意愿的情况下做出相应调整，使得大品种规模有保证，小品种有种植，以满足适应市场的需求。公司建立起“农超对接”的蔬菜销售模式，在全国开设102个直销专柜，100个连锁经销专柜，自建物流车队。成员农户90%的蔬菜都要通过合作社卖给公司。

在合作社章程上，加强了规定的贯彻和落实，提高制度的强制权威性。同时，加强合作社内部制度的细化和管理，加强档案管理、检测记录、订单合同、参会记录等管理。合作社对农户设立车间管理记录，每个大棚里都设立单独记录，再就是定期到大棚里面检测。检测出来农药超标三次，就取消成员农户的合作协议，剧毒农药检出一次就中止合作。合作农户送到公司的产品首先被送到化

---

① 《农民合作社推动农业产业化发展的作用》，见 http：//www. chinareform. org. cn/Economy/Agriculture/Practice/201301/t20130116_ 159365. htm。

② 王爱民、房风文：《农民专业合作社的成长及其影响因素分析——基于寿光市果蔬农民专业合作社的案例》，载《中国合作经济评论》2012年第4期。

验室化验，只有检验合格的产品才会被送到车间加工并送往超市。

合作社对合同成员农户按市场高价收购蔬菜，并进行二次利润返还。合作社规定价格5元以上的是13%，五元以下的是16%。2008年度合作社向农户仅返利一项就分红38万元，合作成员户均增收5000余元。

四、深化农村经济改革，推动农业经营体制创新

农村经济合作组织是深化农村经济改革、推动农业经营体制创新的重要载体。这首先表现在合作组织有效地弥补了农业经济发展中的政府失灵和市场失灵。家庭联产承包责任制曾经极大地解放和发展了中国农村经济的生产力，但是农户的分散劳作和小规模经营在市场竞争中缺乏竞争能力，农村经济改革需要更多的体制创新。在这方面，农村经济合作组织通过完善农业社会化服务体系、促进生产发展服务，为农业生产提供强有力的保障。合作组织为农村社会的资源配置提供了一个有益的组织平台，通过土地、资金、技术等生产要素的流动重组，优化了资源配置，促进了农业结构的调整和优化，带动了专业生产基地和农业主导产业的形成，推动了农业产业化经营的发展。

另外，农村经济合作组织在充分发挥农民主体作用的同时，通过横向一体化的规模经济和纵向一体化的加工增值、批量加工，形成适度规模，解决了其小而散的制度缺陷，同时解决了在市场经济条件下，集体经济组织统不了、政府部门包不了、单家独户办不了的事情，真正实现了家庭个体经营与大市场的有效对接，弥补了家庭个体经营体制的缺陷，为稳定和完善家庭承包责任制，补充和完善统分结合的双层经营体制、深化农村改革开创了新的道路。

第二节　农村经济合作组织的政治功能

农村经济合作组织在研究和立法层面都将其定义为经济组织和社会组织。但在实际生活中随着其组织的发展壮大，合作组织也发挥了大量的政治功能。联合国秘书长安南就曾在2002年国际合作社日的致词中所指出的：“合作社作为一种协会和企业在提高社会公民的生活水平的同时，对他们所在的社区和国

家的经济、社会、文化和政治进步做出了重要贡献。”[1] 在我国，农村社会现有的自治无力和城乡交流的日益增多都为农村经济合作组织政治功能的发挥提供了较为充裕的空间。

一、培养农民的政治素养，推动农村民主化进程

我国是一个有着几千年封建专制传统的国家，农民被长期排斥在国家政治生活之外。加之受小农经济和儒家宗法伦理的影响，大多数农民权利意识缺乏、依附观念浓厚、参与意识淡薄，民主传统和民主习惯极为缺乏。面对受到损害的自身权益，农民往往不懂得通过有效的政治参与来加以保护。新中国成立特别是改革开放以来，市场经济的推进和村民自治的实践与发展已深刻地改造了乡村社会的传统结构，农民的民主意识开始逐步显现，但传统作为一种巨大的历史惰性力仍在发挥着作用。对于绝大多数农民来说，民主意识仍是十分“稀薄的”[2]，农民普遍缺乏平等意识、规则意识、权利意识和自主意识，政治素养状况还不能适应我国乡村民主建设的需要。在这样的情况下，要促进农村深化改革、保护农民权益必须提高广大农民群众的民主意识和政治参与意识。[3]

政治素养是一个综合性的政治范畴，一般来说，其基本构成要素包括民主意识、参与意识、协作意识等层面。农村经济合作组织是实行民主管理、民主监督，培养农民民主意识、合作意识的有效场所。

（一）民主意识的培养

农村经济合作组织是在农村家庭承包经营基础上，同类农产品的生产经营者或者同类农业生产经营服务的提供者、利用者，自愿联合、民主管理的互助性经济组织，其最大的特点是“民办、民管、民受益”，实行自愿加入，民主管理。

民主管理是农民专业合作社发展的制度保障和凝聚力所在，为人们民主意

---

① 穆励：《合作社是推动经济发展和社会进步的重要力量》，载《中国集体经济》2002 年第 8 期。

② 包先康、朱士群：《论农民公民意识的培养：一种社会政策的视角》，载《学术界》2012 年第 6 期。

③ 胡光明：《从保护农民权益的角度论农民专业合作社的三大功能》，载《安徽农业科学》2007 年第 8 期。

识的产生提供了肥沃的土壤：一是促进了平等和自由意识的生长。这主要表现在合作社的成员无论是否出资、是否理事监事，其权利都是平等的，都是以一人一票作为基础的。在著名的罗虚代尔原则①中，“民主管理、一人一票”的原则虽然几经调整修改，但却一直得以延续和保留。我国《农民专业合作社法》第三条明确规定：合作社应该遵守“成员地位平等，实行民主管理”原则。第十七条也规定：“农民专业合作社成员大会选举和表决，实行一人一票制，成员各享有一票的基本表决权。”② 二是催生了主体权利观念。入社自愿、退社自由的原则要求合作社成员彼此承认平等的权利和机会，合作社中凡是涉及成员切身利益的大事都必须由成员大会讨论决定，任何人和任何组织都不能强加干预。这有利于充分发扬民主，防止合作社被少数人通过股份加以操纵和控制，保证其规范健康运行，切实维护成员的经济利益和合法权益。

（二）参与意识的培养

农民的政治参与可以表现为参与选举、参与决策、参与管理和参与监督等各个层面。从既有的调查数据来看，我国农民的参与意识还不是特别浓厚。如冯兴元等人2005年主持的“中国村级组织调查”显示，59.3%的农民未参与过讨论村里大事的会议，60.7%的受访人不经常参加村庄或社区活动，40.5%的受访人未参加过村民会议。③

农村经济合作组织是基于自我利益需求的农民进行的自主联合。在这个过程中，合作组织的兴衰发展与农民利益直接相关，个体利益激励提高了农民直接参与合作组织的生产、经营、管理和监督实践的内在积极性。相关调查说明，合作组织及成员参与政治的热情总体比较高，合作组织成员参与度要高于非合作组织成员。比如在回答“您对村里的政治和社会公共事务的态度”问

① “罗虚代尔原则”主要有：（1）自愿集股筹资，只分少量股息而不分红利；（2）社员平等，民主管理，不问股金多寡，一人一票选举；（3）入社不受政治宗教信仰影响；（4）以市场平价作现金交易买卖，保证准斤足尺；（5）按购货金额比例分享利润；（6）盈余中提取2.5%作为社员教育费用。

② 具体条文为：“农民专业合作社成员大会选举和表决，实行一人一票制，成员各享有一票的基本表决权。出资额或者与本社交易量（额）较大的成员按照章程规定，可以享有附加表决权。本社的附加表决权总票数，不得超过本社成员基本表决权总票数的百分之二十。享有附加表决权的成员及其享有的附加表决权数，应当在每次成员大会召开时告知出席会议的成员。”

③ 房宁：《中国政治参与报告》，社会科学文献出版社2011年版，第114页。

题时，回答积极参加的有 191 人，占 46.2%。[①] 合作社成员中愿意参与合作社管理工作的比例高达 81.1%。[②] 这些数据都表明农村经济合作组织是培育农民积极参与政治运作的有效场所。

（三）协作意识的培养

马克思曾用“一麻袋土豆”来描述农民高度分散的原子化状态。应该看到，传统小农自给自足的生产方式缺乏集体生活习惯和组织能力[③]，阻碍了农民的相互交往和联合协作。在我国，家庭联产承包责任制以后，农村经济主要是以家庭为生产单位来进行，而市场经济的利益竞争也冲击着农村传统的守望相助价值观，农村出现社会关系疏离、联合协作意向不积极等状态。曹锦清的调查深刻展现了农民这种“善分不善合”的特性。[④]

协作意识的薄弱使得农民缺乏集体行动的能力，无力扭转市场经济发展中的弱势地位并有效维护其最大化利益。在这样的背景下，农村经济合作组织的产生与发展突破了人们传统的血缘与亲缘关系，强化了人们基于平等协商进行互助合作的积极性。一方面，突破单个农民或家庭边界的资源互济与集体行动有助于实现经济利益的互惠和最大化，内在的经济利益刺激吸引着人们不断调适与强化新时期的协作意识；另一方面，合作组织经营过程中的注册登记、风险评估、成员权利义务的约定、议事规则与利润分配制度的制定本身就是农民协作意识不断增强的具体表现。通过这些活动，农民可以了解、认同合作组织的架构与目标，参与管理与协商，评估集体与自我反省，不断衍生出加强合作的内在积极性与多元行为模式。

有学者研究发现，有无合作经营经历是区分农民合作能力强弱的重要变量，参与合作经营经历的农民在合作能力上明显强于没有参与合作经营的农民；参与合作经营经历的积累对锻炼与培育农民合作能力的“认同与荣誉”

① 阎占定、白照坤：《新型农民合作经济组织乡村政治参与状况分析》，载《农业技术经济》2011 年第 5 期。

② 董进才：《农民专业合作社的政治参与状况调查》，载《农村经济》2009 年第 2 期。

③ 《梁漱溟全集》（第一卷），山东人民出版社 2005 年版，第 629 页。

④ 曹锦清：《黄河边的中国——一个学者对乡村社会的观察与思考》，上海文艺出版社 2000 年版，第 764 页。

维度具有显著效果，对“管理与协商”、“表达与沟通”、“反思与评价”三个维度也有积极作用。[①] 因此，农村经济合作组织是锻炼、培育农民合作能力的重要实践平台。

案例：南塘兴农合作社的议事规则[②]

没一个“说话算”的人

首先，这里的客人说话不算。29 岁的贵州人徐昌强吃了一个下马威。他原是一个肉鸡养殖户，后被贵州一个支农 NGO 派到南塘合作社学习一个月。一次，南塘合作社决定开会，讨论如何激励老年社员在合作社开展绿色鸡蛋生产，轮到列席的徐昌强发言。他没多想，直接谈起养鸡需要的技术指标：这个鸡呢，首先要注意的是防病……

“小徐，一事一议。这个问题我们下次再议。”刚说两句话就被合作社的理事长杨云标打断。

其次，这里资历最老的人说话也不算。82 岁的退休银行职员唐金铎是合作社年龄最大的理事，照片就挂在资金互助小组办公室的最上方，标明“业务总指导”。“每个人都得有发言的机会，最后投票，少数服从多数。”这位老人还不时吐出一两个与他的年龄很不搭调的奇特名词：“动议”、“议题”、“表决”……

最有钱的人说话也不算。合作社最大的股东是 78 岁的退休中学校长时永林。在资金互助小组 80 万元的固定股本中，他一个人占 10 万元。合作社封给他最大的一个头衔——“参议长”。这个词的意思是有些特别重要的事情，需要理事会和监事会同时参加，这两个会合称“参议会”。如此雄厚的股本和荣耀的头衔，并没带给他额外的特权。他依然能一字一顿地讲出合作社开会的两条规矩：一人只有一票；轮流发言，不得抢答。

原先说话算的人，到这里也要改改自己的脾气。唐治和在加入合作社前是

---

① 肖富群：《专业合作经营与农民合作能力的培育：来自广西贵港市农村的证据》，载《农业经济问题》2011 年第 12 期。

② 冯翔：《南塘兴农合作社：当农民学会开会》，《南方都市报》2012 年 7 月 26 日；《“罗伯特议事规则”的南塘试验》，《南方周末》2009 年 4 月 2 日。

个成功的肉商，“跟我合作的生意伙伴都必须听我的”，他一抿嘴，显出对自己权威的自信。“别看我就念过三年书。”如此自信的唐治和，很快就领教了这里开会的规矩：主持人杨云标经常会打断他：“老唐，今天每人只有两分钟发言时间，你省着点”；“老唐，别抢，现在轮到人家说”；“老唐，别吼，有什么话对着我说”；“老唐”……

亲手创建合作社、担任理事长至今，又主持大部分会议的杨云标自己说话也不算。“主持人也只有一票，”他笑眯眯地说，“大伙儿说了才算。”

“南塘十三条”

第一条：会议主持人，专门负责宣布开会制度，分配发言权，提请表决，维持秩序，执行程序。但主持人在主持期间不得发表意见，也不能总结别人的发言。

第二条：会议讨论的内容应当是一个明确的动议：“动议，动议，就是行动的建议！”动议必须是具体的、明确的、可操作的行动建议。

第三条：发言前要举手，谁先举手谁优先，但要得到主持人允许后才可以发言，发言要起立，别人发言的时候不能打断。

第四条：尽可能对着主持人说话，不同意见者之间避免直接面对的发言。

第五条：每人每次发言时间不超过两分钟，对同一动议发言每人不超过二次，或者大家可以现场规定。

第六条：讨论问题不能跑题，主持人应该打断跑题发言。

第七条：主持人打断违规发言的人，被打断的人应当中止发言。

第八条：主持人应尽可能让意见相反的双方轮流得到发言机会，以保持平衡。

第九条：发言人应该首先表明赞成或反对，然后说理由。

第十条：不得进行人身攻击，只能就事论事。

第十一条：只有主持人可以提请表决，只能等到发言次数都已用尽，或者没有人想再发言了，才能提请表决。如果主持人有表决权，应该最后表决，防止抱粗腿。

第十二条：主持人应该先请赞成方举手，再请反对方举手，但不要请弃权方举手。

第十三条：当赞成方多于反对方，动议通过，平局等于没通过。

二、维护农民合法权益，优化乡村治理结构

（一）提高农民自治水平，增强村民自治的权威

世界合作经济发展的历史表明，合作经济为社区自治提出了内在要求，社区自治又为合作经济提供了环境和保护，二者有机结合构成了一方经济社会整体。[①] 具体到我国，农村经济合作组织与村民自治关系可以从以下两个层面进行分析：

1. 村民自治的重要保障。

村民自治是我国在乡村治理中推进民主政治的重要步骤，其核心精神是通过村民自我管理、自我教育、自我服务来实现乡村治理的良性格局。但在多年的改革实践中，村民自治开始凸显其发展困境，并在两个维度上出现异变：一方面，在与乡镇政权的关系上，村民自治权异变为乡镇政权的附属权力，村民自治权成为乡镇政权向村庄的延伸，村民自治的权利已经失去其自治的性质而成为一种“他治”的“权利”，村民自治也变成“村民他治”；另一方面，在与村民的关系上，村民自治权失去其应有的公共本性，公共权力异变为一种与村民利益对立的私人权力，村民自治也成为一种“村民他治”。[②]

面对“村民自治走进了死胡同”[③] 的困境，农村经济合作组织的发展为农民自治提供了特定的保障。在经济层面上，农村经济合作组织的发展在很大程度上提升了农民收入。经济基础决定上层建筑，丰厚的经济收益为村民自治制度的有效运行提供了充分的物质保障和坚实的话语权；在政治层面上，合作组织本身就是一种自治组织。农民的自愿参加和自我治理形成了相应的民主习惯和民主行为，大大提高了农民的民主意识，并且增强了农民履行民主权利的意识，这都要求相应地提升村民自治水平来适应其发展。学者冯开文在山东等地

① 王宽让：《农民合作组织催生乡镇社区自治》，载《陕西省经济学学会第24次年会暨理论研讨会论文集》2004年10月。

② 张敏：《自治还是他治——村民自治权异变及其治理》，载《中共浙江省委党校学报》2011年第6期。

③ 冯仁：《村民自治走进了死胡同》，载《理论与改革》2011年第1期。

的调查证明，“村民自治在没有合作社的地区，发展的相应更不规范”。[①] 这有力地说明农村经济合作组织对村民自治制度环境的良性影响。

2. 增强村民自治的权威。

这个研究视角主要着眼于农村经济合作组织与农村边界的相互交叉与重合。在当下中国的农村经济合作组织发展模式中，有相当一部分合作组织是以行政村为单位建立的，并在很大程度上表现出与村庄交叉的社区化趋势：其一是合作组织完全等同于行政村，即“两块牌子，一班人马”，合作组织与行政村二者只存在称谓上的区别而无实质不同；其二是合作组织与行政村存在资源支配上的交叉，村庄的土地、房屋、仓储设施、水电设施等有偿或无偿地提供给合作组织使用；其三是领导人任职上的交叉，合作组织的领办人为本村内具有一定组织影响能力的人，如现任村委会、村支部负责人等。[②]

在这种情况下，合作组织的良好运作可以提升村民自治的权威，而合作组织成员的自我组织、自我管理与自我服务可以有效地增强其生命力。事实证明，农村经济合作组织的产生和发展，不仅能够培养农民在组织内的参与意识和自治能力，而且使农民能够以组织为单位参与村务管理，影响村域公共权力的运作。截止到2013年8月份，我国共有农民专业合作社88.57万户[③]，它们将在村委会这一自治制度平台上发挥积极作用，构成村民自治运行的组织基础[④]。

当然，我们也需要看到，农村经济合作组织的发展也会对村民自治形成挑战与冲击。为此，必须正确处理合作组织与村委会的关系，防止因两者边界模糊与资源混同所带来的不利影响。

（二）维护农民合法权益，保障农村经济社会稳定

发展农村经济合作组织，可以构建风险共担、利益共享的利益联结机制，在推动农业产业化进程的同时切实保护农民的利益，缓冲社会矛盾。在这个意义上，农村经济合作组织是维护农民合法权益、保障农村经济社会稳定的安全阀。

---

① 冯开文：《合作制度变迁研究》，中国农业出版社2003年版，第270页。

② 林滢、任大鹏：《我国农民专业合作社社区化现象探析》，载《农村经济》2009年第10期。

③ 《2013年8月全国市场主体发展报告》，人民网，见 http://yuqing.people.com.cn/n/2013/0913/c244089-22910795.html，2013年9月13日。

④ 沈延生：《对村民自治的期望与批评》，中国社会科学出版社2003年版，第122页。

1. 维护农民的经济社会权益。

伴随着经济改革的深化和转型，农民经济权益在两个方面需要重点关注：一是城乡贫富差距日益明显。从城乡居民家庭人均纯收入之比看，1990 年城乡居民的收入差距为 2.12∶1，2003 年城市居民的人均可支配收入达到农村居民的人均纯收入的 3.23 倍，2006 年近 3.28 倍，呈日渐扩大的趋势。[①] 二是个体农村经济参与市场的弱势。面对农业经济发展的不稳定性和复杂性、强大市场的信息不对称以及高度竞争的局面，生活在广大农村的农民成为社会的弱势群体，无法有效维护自身的权益。在这种情况下，农村经济合作组织通过扩大就业、增加农民收入、增进共同富裕缓解了城乡贫富差距进一步扩大的态势。另外，合作组织凭借组织力量提高了农民在市场经济中的参与能力，扩大了农民的行动空间，可以更好地防范市场风险，积极应对竞争日益激烈的农业市场。

在社会权益的维护上，原子化分散的农民文化程度不高、法治意识薄弱导致其自我保护能力不强，在面对坑农、骗农等经济与社会矛盾时，经常采取息事宁人、忍让退避的方法。农村经济合作组织的发展首先使得农民以协会、合作社等联合体身份组织起来，在协调与经销商、供应商、其他社会组织之间的关系时，可以有效代表农民利益，维护农民的合法权益。另外，发达国家的经验还表明，农村经济合作组织本身就是一种学习型组织，是对农民进行教育和培训的最有效、最方便的媒介和载体。[②] 合作组织通过其教育性功能的扩张和农业技术的推广，可以增强农民的法律意识和平等权利意识，培养素质健全、视野开阔的乡村公民，从而更好地维护农民自身的合法权益。

2. 影响政府决策，维护农民的政治权益。

政府作为一个理性的政治实体，为追求政治支持的最大化和财政收入的最大化，必然要综合考虑社会各利益集团对它的损益影响，尤其是充分考虑某些

① 张新华、岳林、任福战：《转型期我国城乡贫富差距演变分析》，载《云南行政学院学报》2007 年第 4 期。

② 胡光明：《从保护农民权益的角度论农民专业合作社的三大功能》，载《安徽农业科学》2007 年第 3 期。

强势集团的利益要求和对它的态度。[①] 在这种社会条件下，农民的高度分散一方面决定了农民内部形成统一意见的交易成本极高，导致农民在与地方和基层政府的博弈中处于不利地位；另一方面零散的个体行为，从整体上远不足以构成与政府相抗衡的能力。所以，缺乏凝聚起来进行大规模集体行动的能力，农民根本不足以抗衡强大的、高度组织化的基层和地方政府。[②] 这种被动、消极的弱势地位既会呈现出农民在政府决策中束手无策和无足轻重的状态，也会因为无法有效维护农民利益而形成不断激化的深层矛盾进而影响社会稳定。

在我国经济发展过程中，农村经济合作组织影响政府决策、维护农民权益的路径有二：一是通过发挥其专业化优势为政府制定行业政策提供依据。中国加入世贸组织后，农业发展面临更为激烈的竞争格局。在这种情况下，特定产业的农业协会、合作社作为本行业市场经营者的代表，既熟悉农产品的发展情况，又能及时查找农业发展面临的问题，可以为政府制定相应的农业政策提供有益参考。二是通过发挥其组织化优势影响政府决策。据著名农村社会问题学者米格代尔的分析，分散的农民可能是“革命者”的社会基础，而有组织的农民则可能是改良主义者甚至是保守主义者的社会基础。[③] 在这个意义上，农村经济合作组织通过把分散的农民组织起来，能够不断拓展政府与农民交流与沟通的空间。而且，作为农民利益的代表，农村经济合作组织可以更有效地向政府表达农民的经济利益诉求。这样，政府与农民对话的成本就被大大降低，农民的利益诉求通过秩序化的组织渠道得到表达，既为政府开展工作提供了客观真实的依据，又大大加快了政府决策对民众需求的回应速度，相当部分的突发事件也可以得到缓冲和调解。

（三）推动政府职能转变，建构多元治理的良性格局

在既有的乡村治理格局中，农村经济合作组织已经成为与市场调节、政府

---

① 肖亮：《农村专业合作组织的作用及发展障碍因素分析——以四川省为例》，载《开发研究》2010 年第 3 期。

② 金太军：《拓展农民合作能力与减轻农民负担》，载《华中师范大学学报》（人文社会科学版）2004 年第 5 期。

③ 金太军：《拓展农民合作能力与减轻农民负担》，载《华中师范大学学报》（人文社会科学版）2004 年第 5 期。

干预既相区别又相关联的一支新兴力量，是解决“三农”问题的重要制度工具。作为乡村治理的重要主体，合作组织的功能主要表现在以下层面：

农村经济合作组织推动了乡村政府职能的转变进程，在政府与农民之间搭建了一座桥梁，为农村提供更加质优、价廉、高效的准公共物品，把竞争机制的清新空气吹进了乡村传统的官僚机构体系内，促进了农村与城市的整合，进而，给整个社会带来了深远的影响。[①] 具体说来，农村经济合作组织作为乡村治理中的重要主体把农民组织起来，实现了基层社会与政府之间的良性互动。

在经济层面上，合作组织以其独特的组织形式，融技术指导、信息传递、物资供应、加工销售、资金融通、市场开拓等服务功能于一体，能有效地解决集体经济统不好、单家独户办不了的问题，承接政府不该管、管不了、管不好的工作，从而把乡镇政权从繁重的经济事务中解脱出来，解决了政府在市场经济中错位、越位、缺位等问题，有利于政府在市场经济条件下更有效地指导农业和农村经济工作。这不仅增强了政府指导农村经济的时效性和针对性，而且将逐步推动政府领导农业的方式由计划经济体制下的主要依靠行政手段，向充分利用法律、政策等市场经济手段转变。

在政治层面上，农村经济合作组织参与乡村社会的政治民主建设，进行自我管理、自我服务、自我监督，通过文化教育和科技推广满足民众对公共物品的需求，有效地降低了乡村政府进行治理的成本。这主要是由于农村人数众多、居住分散、公共管理事务繁琐复杂，需要乡镇政府有充足的人员和财政支持。而合作组织的出现恰好成为政府加强对农业和农村工作指导的组织载体，是政府与农民在发展经济等方面进行有效沟通的平台。政府的各项“三农”政策和经济措施通过农村经济合作组织进行传递与推行，不但简化了农村管理程序，而且缩短了农村管理的链条。这样，乡镇政权可以从传统乡村治理的繁琐事务中抽身出来，从原来的“全能”服务供给者转变为乡村治理的领导者和协调者，为乡村社会的治理转型提供多元参与的内生动力。

---

① 刘大洪、李华振：《“三农”治理中第三部门的法学机理与制度变迁研究》，载《北大法律周刊》（电子版）2005 年 6 月 28 日。

三、促进农村社区建设，培育社会资本

（一）促进农村社区建设

社会主义新农村建设要求推进“生产发展、生活宽裕、乡风文明、村容整洁、管理民主”的农村社区发展。传统意义上认为，农村社区管理应该是农村社区集体经济组织的职责，但是在现有的农村集体组织经济实力较弱、服务能力不强、职能履行相对缺位的背景下，农村经济合作组织的发展成为农村社区建设的有力支点。

经济合作组织与社区建设的关系由来已久。1995 年国际合作联盟对合作社的界定是“合作社是人们自愿联合、通过共同所有和民主管理的企业来满足他们共同的经济和社会需求的自治组织”。其七项原则的最后一条即是关心社区：合作社在满足社员需求的同时，要推动所在社区的可持续发展。具体来看，合作社是为社员的利益而存在的，由于在一个特定的区域内与社员存在密切关系，使得合作社与其所在地的其他社区也有着千丝万缕的联系。因此，合作社有责任保证促进所在地区经济的、社会的和文化的发展，有责任保护所在地区的环境。① 另外，国际合作社联盟关于第 79 届国际合作社联盟国际合作社日暨第 7 届联合国国际合作社日的致辞中也强调：“并非只有社员受益于合作社。合作社的优势可以惠及合作社的所有使用者以及它所在的社区。合作社将产业标准建立在它们自身的价值观与道德准则上。正是因为这个原因，在有些国家，合作社比其他传统形式的企业和公司更加受到信赖。在有些国家，合作社被视为促进食品安全可靠、保护环境、提供良好就业机会的先导。还有一些国家，合作社正在通过促进来自不同文化与收入背景的人们之间的相互理解与合作，努力建立和平的社会。”②

从国际经验来看，合作社帮助、参与社区发展的例子不胜枚举，诸如美国普杰消费合作社（Puget Consumer’s Co－op）是社区居民所拥有的事业，社员

① 王观芳：《国际合作社联盟“关于合作社特征的宣言”简介》，载《中国人大》2006 年第 11 期。

② 《合作社在第三个千年的优势》，《中华合作时报》2001 年 7 月 6 日。

支付的价款有一部分是用在社区发展上，如设立农地基金以支持地方农业的永续经营，捐助社区组织来参与社区营造工作，“因为社员组成合作社的目的之一，便是营造一个更适合居住的美好社区”；加拿大的大西洋合作社，资助建造社区老人住宅、捐助社区公益活动；日本的生活协同组合联合会（JCCU），对于环境保护、照顾社区老人、帮助身心障碍者生计、支持社区活动均不遗余力；西班牙曼德根合作集团（Mondragon Co - operative Corporation）其目标为促进经济和社会发展，并拨付部分盈余作为社区基金，用来创造地方就业、帮助社区教育发展等；以色列的集体垦殖合作社 Kibbutz，政府将土地移转给社员，通过这些农民的资本、设备、劳力，实现集体农业生产，并以“集体劳动、集体消费、自由参加、民主管理”作为社会规范，成为一个集体生活的合作社区。[①]

在我国，现有的合作组织中有相当一部分是以行政村为单位建立的，甚至村委会主任直接兼任合作社的负责人，呈现出合作社发展与村庄交叉的“社区化”[②] 现象。在这种情况下，合作社的发展在促进农村社区建设上的积极功能尤其突出。比如济南市长清区新西李无公害山药专业合作社是在西李村支部书记刘继杰带领下于 2007 年 7 月成立的。合作社的发展，带来了全村农民收入的增加，也促进了村级各项事业的发展。村里建起了多功能文体活动中心，组建了农民书画院、农村书屋、远程教育中心和电子阅览室等，基本实现了文化西李、商贸西李、生态西李的建设目标。[③] 另外，济南市历城区仲宫镇刘家村也是非常典型的示例。该村过去基本没有收入，村干部发工资还要靠上级转移支付。2006 年 10 月，该村“两委”成员在全体村民的积极支持下创设了八里峪生态观光农业合作社。合作社的成立激活了农村生产要素，不仅带领群众走上了致富路，集体荒山得到了绿化和管护，而且村集体每年有 30 万元以上的稳定收入，并且随着合作社的不断发展，切实增强了集体为民办事的能力。

---

① 陈佳容：《合作社参与社区营造之可行性研究——社会经济取向》，（台湾）逢甲大学硕士论文，2005 年。

② 林滢、任大鹏：《我国农民专业合作社社区化现象探析》，载《农村经济》2009 年第 10 期。

③ 济南市农业信息网，见 http：//www. jnny. gov. cn/zyhzs/zyhzs_ detail. asp? id = 2928，2010 年 8 月 25 日。

2009年合作社上交村集体30万元，村里将这笔资金用于建设和完善公共设施，逢年过节还给村民发福利，及时救助残疾人和困难户，党群干群关系更加融洽，全村和谐稳定发展。①

（二）培育社会资本

罗伯特·D. 普特南认为："社会资本是指社会组织的特征，诸如信任、规范以及网络，它们能够通过促进合作行为来提高社会的效率。"② 福山把社会资本看成是一种有助于两个或更多个体之间相互合作、可用事例说明的非正式规范。③ 社会资本中的信任、规范和参与网络相互间的不断促进和加强，将不断推动集体行动的形成。从社会资本理论角度来看，农村经济合作组织本身就是社会信任与社会资本流通的场域和主要载体，是构成社会公共信任的主要支柱。

1. 在社会信任层面。

传统的乡村社会是一个熟人社会，人们之间的信任是以血缘、亲缘或地缘关系为保障的。但是农村经济合作组织多是以某一产业为纽带组建起来的，可以实现跨越村域和乡镇边界的较大范围的同业农民联合，这为培育更广范围的社会普遍信任和互利合作提供了基础。

现有的农村经济合作组织多是以乡村经济发展中的能人为领办者发展起来的，其专业技能的成功示范和对其他成员的关心奉献是促进组织成员信任度增加的重要保障。如济南市济阳县大华兔业专业合作社强调合作社就是全体成员自己的家。为成员解困、帮成员发展是合作社坚持的方针。2007年11月，非合作社成员闫玉华养的300多只兔子该上市时却遇到了市场低谷，正在他愁眉不展之际，合作社理事会经商量后决定，除高价收购其所有兔子外，还愿意再赊给他兔苗、饲料，等挣了钱后再还。闫玉华深受感动，不但加入了合作社，而且还成了合作社的骨干成员，为合作社作了大量的宣传工作。2007年12

① 济南市农业信息网，见 http：//www. jnny. gov. cn/zyhzs/zyhzs_ detail. asp？ id =2845，2010年7月6日。

② 〔美〕罗伯特·D. 普特南：《使民主运转起来》，王列、赖海榕译，江西人民出版社2001年版，第105页。

③ 〔美〕弗朗西斯·福山：《社会资本、公民社会与发展》，载《马克思主义与现实》2003年第2期。

月，该社一名新成员的兔场发生疫情，一夜之间损失兔子60多只，理事长杨克华知道后自己掏钱全部按活兔价格收回。合作社对农民的关心换来了成员对合作社的信任，在这个意义上，农民专业合作社是一种以能人为核心的信任结构。①

另外，农村经济合作组织的利益互惠原则促使其生产经营范围超越了传统乡村地域和家族组织的限制，按照市场规律在更广阔的空间进行联合。在这个过程中，农村经济合作组织成员间的合作开始从熟人社会封闭的“强关系”向开放社会的“弱关系”转变，其行动动机正在经历从情感性行动向工具理性的转变，这已不单单是对社会资本的利用，而是社会资本再生产的过程。②

2. 在社会规范方面。

社会规范是农村经济合作组织的一种共同资源，它直接影响组织成员的集体行动，若能与组织利益相关者有效整合，则可成为组织的社会动员机制和发展优势，成为社会资本的结构基石。

农村经济合作组织根植于传统深厚的乡村社会，可以通过正式制度规范和非正式制度规范两个层面激发社会资本中的规范发展与培育。一方面，农村经济合作组织可以通过熟人社会的软规范来动员、约束成员行为，以“乡村社会声望体系”③ 来建构农民合作的激励和监督机制。在这个过程中，非正式的乡规民约、道德观念、舆论压力等等虽然无法成为构建社会资本的有效而常规的路径，但是作为一种本土的社会规范结构要素，其作用仍值得关注。另一方面，正式的制度规范是促成经济合作组织进行社会资本培育的重要场域。在很大程度上，内部管理制度健全与否直接影响到合作组织职能作用的发挥和健康稳定发展。随着农村经济合作组织的发展，通过建立宗旨、协议、规则等制度规范，能促使每个成员在相互交往中形成一种行为准则，动员、约束所有成员

① 鞠立瑜、傅新红、杨锦秀、庄天慧：《农民专业合作社社长的内部社会资本状况分析》，载《农业技术经济》2012年第4期。

② 王楠：《嵌入与超越》，南京航空航天大学硕士论文，2008年。

③ 吴光芸：《社会资本视角下的农民合作》，载《今日中国论坛》2006年第8期。

的行为，使之放弃短期的利己行为，已经成为组织制度建设的一项重要内容。[①]

为健全管理制度，搞好规范运作，济南市商河县商南蔬菜专业合作社根据章程建立了社员代表大会、理事会、监事会等组织管理机构，下设办公室、财务部、技术部、销售部、物资部、监测室等，简称“三会四部二室”。在内部制度建设上，健全了重大决策议事制度、“三会制度”、财务管理制度、成员收益分配制度、技术培训制度、农资统一供应制度、农产品监测制度、蔬菜基地日常管理制度、蔬菜生产田间档案管理制度等规章制度，并建立了社员登记册、股金登记册和交易记录册，对社员颁发了社员证和股权证，制定了合作社工作流程，坚持做到了入社有登记、管理有规章、办事有程序、交易有记录、工作有档案、服务有内容，形成了良好的工作运行机制，保证了合作社工作的规范化运作。[②] 这种组织成员共同遵循的行为规范提升了合作组织的运行效率，有利于社会资本的持久建构。

3. 在社会网络方面。

罗伯特·D. 普特南认为，社会资本必然是与某一社会关系网联系在一起的，脱离了一定的社会关系网，那么也不存在什么社会资本。也就是说社会资本要发挥作用，实现它的价值，必须要依托于一定的社会网络。而社会网络的有效维持，直接关系到社会资本的作用和价值。当社会网络中的成员能够合作，就能够充分发挥它的作用，为社会资本发挥作用创造条件。[③]

罗伯特·D. 普特南认为，公民参与的网络分两种，即横向的平等关系网络和垂直的等级关系网络。根据这一划分方法，农村经济合作组织在社会网络层面的建构可以从以下两个层面进行分析：一是纵向的网络关系发展。在这个层面，主要是合作组织与政府关系的调整与建构，这部分内容在前面已经进行过论述，此处不再展开。二是横向的网络关系发展，这是合作组织网络关系发展的主要领

① 黄志坚、陈树发、徐斌：《社会资本与农村合作组织的关系研究》，载《农业经济》2009 年第 2 期。

② 济南市农业信息网，见 http：//www. jnny. gov. cn/zyhzs/zyhzs_ detail. asp？ id = 2130，2009 年 3 月 12 日。

③ 唐翌：《社会网络特性对社会资本价值实现的影响》，载《经济科学》2003 年第 3 期。

域。在横向的发展领域中，网络关系的发展主要表现在合作组织内部成员的关系网络、合作组织与企业、科研院所、其他合作组织的广泛联系等。在这方面，乡村社会所特有的亲族网络、农民小组、近邻组织、村落组织等社会网络都承担着一定的功能，传递着某种社会关系，每种社会关系都是一种社会资源，而这种社会资源又是一种潜在的社会资本。信任、亲情、信仰、参与、规则、互惠等乡村社会网络所凝聚的社会资本，相互交叉、相互依赖、相互影响，构成了农民合作的基础。①

另外，近几年在合作组织发展领域快速兴起的综合性农民社区合作社、农民专业合作社联合社等组织形式也极大地丰富了合作组织的网络关系。他们突破了合作社单一功能的界定和规模的限制，实现了合作项目和服务内容的多样化、制度架构和辐射区域的广袤化，在生产经营、社会服务、组织结构等层面都呈现出更加多元化的网络关系建构。其中比较具有代表性的是山西省永济市蒲韩乡村社综合农协②：该协会横跨蒲州、韩阳两个乡镇 24 个行政村和 19 个自然村，会员四千多户、服务农民群众已超过 2.5 万人。协会已成为大宗农产品运销、有机农业种植和技术推广、农资购买和消费品购销、信用合作以及老年服务、健康服务、社区教育、农耕文化等众多功能齐备的综合农协，为农民共富、城乡合作、社区稳定有序闯出了一条新路子。在这种广泛的网络关系建构中，组织合作成为一种理性行动的选择，促进了不同行动主体之间的相互认同和信任，成为凝结、培育社会资本的重要依托。

案例：山东蒙阴县文友家禽养殖合作社③

山东蒙阴县文友家禽养殖合作社在其发展中，除了帮助农民实现增收致富外，还为农民提供了许多社会保障性的服务，如教育、医疗、养老服务，所需费用均从合作社的盈余中支出。具体的盈余分配做法：一是盈余的 13% 作为合作社的公积金，用于合作社运转费用；二是盈余的 8% 作为公益金；三是盈

---

① 吴光芸：《社会资本视角下的农民合作》，载《今日中国论坛》2006 年第 8 期。

② 陈进、陈复东、庞振月：《积极发展综合性农民社区合作社》，《农民日报》2013 年 6 月 18 日。

③ 吴琦：《农民专业合作经济组织的功能与效益分析——以蒙阴县文友家禽养殖合作社为例》，载《甘肃农业》2011 年第 3 期。

余的79%作为社员的专项基金，记入社员的个人账户，用做医疗、教育和养老的保障金。其中社员积累的教育基金直接用于社员家庭中学龄儿童的学杂费支出，积累的医疗基金则直接用于医疗费用。合作社拥有自己的医疗站，社员可在医疗站购买到平价药品，看病则不收任何费用，外出看病时的就医消费可从个人基金账户上支付，账户余额不够且家庭经济困难者，还可以得到合作社里其他社员或全体社员的联合扶助。据合作社2008年的统计报表显示，加入合作社的360户养殖农户中，接受到合作社提供的子女教育经费的农户有120户，助学费用总计56182.0元，占当年累计的医疗、教育、养老基金93744.0元中的52.6%，同时社员中还有一人经面试被录取到山东省高等农科院校学习。合作社还规划筹建老年公寓，并为拥有养老基金的社员提供养老服务，同时拥有养老基金账户的老年人还可以按照国家标准从合作社支取养老费。此外，合作社已建成了隶属于合作社的首家村级幼儿园。合作社社员的学龄前儿童可直接免费享受幼儿教育，同时作为村里唯一的幼儿园，非社员家庭在缴纳每月50元的费用后也可入园就读。为丰富农户的业余文化生活，合作社还组建了秧歌队，组织各种形式的文体活动。在为本社社员提供经济资助和社会保障服务外，合作社也通过多方筹资，不定期走访慰问本村贫困户和“五保”老人，并拿出一定资金资助特困生。文友合作社的所作所为，不仅赢得了养殖户的高度信任，提高了自己的声誉，而且明显改善了当地农民的经济文化生活条件，促进了农民之间的互助、互信，使村民关系更加和谐。

第三节　农村经济合作组织的社会功能——以合作社参与农业科技推广为例

科学技术是第一生产力，农业科学技术是促进农业生产发展和农村经济增长的主要源泉。根据2012年新修订发布的《中华人民共和国农业技术推广法》，农业技术是指应用于种植业、林业、畜牧业、渔业的科研成果和实用技术，包括：（1）良种繁育、栽培、肥料施用和养殖技术；（2）植物病虫害、动物疫病和其他有害生物防治技术；（3）农产品收获、加工、包装、贮藏、运输技术；（4）农业投入品安全使用、农产品质量安全技术；（5）农田水利、农村供排水、土壤改良与水土保持技术；（6）农业机械化、农用航空、农业气象和农业信息技术；（7）农业防灾减灾、农业资源与农业生态安全和农村能源开发利用技术；（8）其他农业技术。农业技术推广是指通过试验、示范、培训、指导以及咨询服务等，把农业技术普及应用于农业产前、产中、产后全过程的活动。

当前，我国农业的发展正处于由传统农业向现代农业转变的新阶段，而实现这种转变的有效途径是农业科技的不断创新与进步。其中，农业科技推广是关键一环。改革开放以来，我国建立了一个完整的农业科技推广组织和一支庞大的农业科技推广队伍，在农业科技试验示范、开展技术培训和咨询，推动农业和农村经济发展等方面发挥了重大作用。但随着市场经济体制、财税体制和乡镇综合改革的推进，原有的农业科技推广体制越来越不能适应农业发展新形势的要求。政府推广目的与农民需求相脱节；管理机构混乱，职能不明确；推广经费短缺；科研、教育、推广相脱节，推广效率低下等弊端①严重制约着我国农业科技的推广和农业经济的发展。在这种情况下，除了政府型农业科技推广组织之外，农业发展迫切需要寻找新的科技推广组织和形式。

针对农技推广工作中出现的诸多问题，2002 年，中共中央、国务院提出要推进农业科技推广体系改革。2003 年，国家农技推广体系改革试点全面展开，改革涉及机构性质、管理体制、机构设置、投入保障、队伍建设、扶持多元化服务主体等内容，并提出了逐步建立分别承担公益性职责和经营性服务的农业科技推广体系的要求。10 多年来，试点取得了良好的示范效果，基本形成了符合当前农业生产特点、农村基本经营体制及适应绝大多数地区实际情况的农技推广体系。

2012 年中央一号文件以“加快推进农业科技创新，持续增强农产品供给保障能力”为主题，对农业科技进行了全面部署。为提升农业科技推广能力，文件提出要“充分发挥农民专业合作社组织农民进入市场、应用先进技术、发展现代农业的积极作用”。在联合国将 2012 年确定为国际合作社年的背景

① 李中华：《以合作社为载体创新农技推广体系建设》，载《青岛农业大学学报》（社会科学版）2009 年第 4 期。

下，一号文件的出台为农民专业合作社参与农业科技推广提供了广阔的政策空间。2012 年 8 月 31 日新修订发布的《农业技术推广法》明确了多元化推广服务组织的地位和作用，提出要充分发挥农民专业合作社、涉农企业、群众性科技组织及其他社会力量的作用。由此，研究农民专业合作社在农业科技推广中的角色定位和作用方式，是农业经济发展过程中的重要课题，也是探析合作组织社会功能的有益视角。

一、农民专业合作社参与农业科技推广的 SWOT 分析

SWOT 分析法，即态势分析法，是由旧金山大学管理学教授海因茨·韦里克于 20 世纪 80 年代初提出。这种方法可以对研究对象所处的情景进行全面、系统、准确的研究，从而根据研究结果制定相应的发展战略、计划以及对策等，是目前资源开发、企业管理等领域在制定战略分析与项目规划时广泛使用的分析工具。SWOT 分别代表四个字母，即“S”代表 Strength，指自身的优势；“W”代表 Weakness，指自身的劣势；“O”代表 Opportunities，指外部机遇；“T”代表 Threats，指面临的外部挑战和威胁，它们是战略分析中的四个元素。其中，S 和 W 代表内部因素，O 和 T 代表外部因素。SWOT 分析法通过调查的形式挖掘与研究对象发展相关的优势、劣势、机遇与挑战，从而根据找出有利因素以及不利且需回避的因素，发现问题、调整发展思路、制定发展策略。近年来，SWOT 分析法已被广泛应用在许多领域上。农民专业合作社参与农业科技推广也可以借用 SWOT 分析法进行分析。

（一）农民专业合作社参与农业科技推广的优势

1. 成本优势和效率优势。

农民专业合作社是在农村家庭承包经营基础上，同类农产品的生产经营者或者同类农业生产经营服务的提供者、利用者，自愿联合、依法民主管理的互助性经济组织。农业科技推广在生产经营高度分散状况下需要付出高昂的交易成本，建立农民专业合作社可以较好地整合和改善农村的各种不良生产要素，为农业科技推广创造现实基础和经济条件。

一方面，改革开放后，我国农村实行以家庭联产承包责任制为基础的土地制度，导致目前的农业生产以家庭为基本生产单位的个体化经营为主。个体化

的农业生产方式具有在空间分布上分散、经营规模小、组织化程度低的特征。在个体化的农业生产方式下，传统的农业科技推广直接面对千家万户，其推广成本很高，不能形成规模效益。但是农民专业合作社的成员构成具有同质性强、生产地域集中、从事产业相同的特点，加入农民专业合作社的农户通常是以业缘、而非地缘为纽带，从事相同农产品的生产经营。成员的生产区域相对集中，通常以村庄、乡镇范围为半径。农民专业合作社的成员特性使其对农业社会化服务的需求同质性强，改变了原来高度分散的农业经营状况，加强了农民的业缘交往，促进农民在区域内和跨区域进行广泛的交往与合作，为农村技术推广提供了有效路径。

另一方面，农民专业合作社减少了农户单独寻找交易机会和完成交易谈判的成本，有利于充分利用众多农户的合力，同时有利于以规模购销降低平均成本，特别是在其活动区域内，众多农户都经营同一种产品的情况下更是如此。而且，合作社作为经济实体不仅可以提高筹集资本的效率，还可以通过参与市场竞争来获得利润，为农村引进科技、改善农业生产落后状况提供了经济条件。

2. 分布广泛，适应性强。

复杂的农业系统是传统的农业科技推广面临的严重挑战。从我国农业生产的具体情况看，农业系统一般分布在一定的地域范围内。通常不同地域内的土壤、坡度和气候等自然条件各不相同，使得农业系统拥有不同结合形式和不同等级的生产类型，加上分散化的农业生产方式，其技术需求呈现多样化的特点。因此，一项农业技术不可能“放之四海而皆准”，都有其最适宜采用的地区。所以，推广农业科技必须遵循“因地制宜”的原则。这就要求我国建立与之相适应的强大的遍布全国各地的农业科技推广网络，为各种生产与生态条件下的农民提供各种各样的技术服务，但现有农业科技推广体系无法满足这种广泛而详尽的技术服务要求。

与传统的农业科技推广组织相比较，农民专业合作社具有广泛的适应性和生命力。农民专业合作社的目标是以成员为导向，为成员服务，成员集所有者、推广者、使用者于一身，有利于提高农业科技推广的服务效果。成员是农村经济合作组织的所有者，同时也是农业科技及服务的推广者、使用者，合作组织成员的三位一体性，是其他任何农业社会化服务组织所不具有的特殊属性。农村经济合作组织的技术带头人不仅是技术服务的推广者，也是新技术、新品种的率先使用者。在开展某项先进适用技术或新品种的培训、推广中，他们率先采纳新技术、运用新知识、使用新设施。①

自2007年国家实施《农民专业合作社法》以来，山东省农民专业合作社的数量连续快速增长。截止到2011年6月，全省已经登记注册农民专业合作社5万家，登记总数居全国首位。合作社实有成员427万人，入社农户已占全省农户总数的19.6%②。截至2012年1月，全省合作社总数达到57872个，成员达到580552个，出资额722亿元③，登记总数和出资总额居全国首位④。目前，农民专业合作社的经营范围已从过去的提供生产资料和技术信息服务，扩大到了加工、贮藏、运输、品牌营销等方面，基本覆盖了农业生产各个环节。分布广泛的合作社将为农业发展提供满足其多元化需求的技术。

3. 自下而上的需求导向。

多年来，我国所形成的农业科技推广模式主要是通过行政指令“自上而下”的单向沟通模式。这种模式中，农民只是被动的技术接受者，主动的参与度偏低，致使农业科技需求与研发、推广脱节，并造成我国农业科技成果转化率偏低，仅为35%—40%，真正具有规模的转化率不到20%，远低于发达国家的70%—80%。⑤ 从国外农业科技推广模式的发展来看，“自上而下”的线性推广模式与“自下而上”的侧重双向沟通模式相比，在技术扩散的范围、技术应用的效率方面，两者都存在明显的差距。

农民专业合作社的制度是入社自愿、退社自由。加入合作社是成员的自我选择，合作社的正常运作依赖于成员联合一致的集体行动。这种成员制度要求合作组织的运行要以保护和增进成员的利益为基本出发点，满足成员的需求。

① 苑鹏：《农民专业合作组织与农业社会化服务体系建设》，载《农村经济》2011年第1期。

② 段新勇：《2011年山东省农民专业合作社调查报告》，《大众日报》2011年11月26日。

③ 山东省工商局网站，见 http://www.sdaic.gov.cn/bgstjzl/ShowNews.asp?id=471。

④ 桂园、党培哲：《山东省农民专业合作社领跑全国》，人民网，见 http://politics.people.com.cn/h/2011/0823/c226651-2271586470.html，2011年8月23日。

⑤ 郑丹：《国外农业合作社在农业科技推广中的作用及启示》，载《农业科技管理》2009年第2期。

另外，农民专业合作社的决策制度是社员参与、民主管理。这种成员主体、以人为本的决策制度保证了成员是合作社开展技术服务、技术推广的主动选择者，并决定服务的内容，而不是简单的被动的接受者。在开展农业社会化服务中，其具体体现为合作组织提供的农业服务是反映成员需求者的要求，而不是服务供应商、提供者的单方意愿，相比公共社会化服务部门，它提高了农业科技推广和服务的有效性。

（二）农民专业合作社参与农业科技推广的劣势

1. 平均规模小、带动能力弱。

《农民专业合作社法》规定，5 个以上农户就可以联合申请注册登记农民专业合作社。统计数据显示，截至 2011 年上半年，全国实有农民专业合作社 44.6 万户。[①] 可以看出，加入合作社的农户数量占全国农户数量的极少数。调查发现，部分合作社是少数农民的亲戚朋友为了争取得到政府的优惠政策凑在一起组成。由于我国农户的生产经营规模小，平均每个农户只有 6 亩耕地，小规模合作社很难起到带动农民发展生产的作用。加之合作社地域基本以本村为主，只能辐射周边村域，地域的限制直接导致了技术推广范围狭小。这既限制了由农民专业合作社主导的农业科技推广模式在农户中的覆盖面，又使得该模式无法满足大部分未入社农户的技术需求。另外，从当前我国农民专业合作社的总体情况来看，多数农民专业合作社处于合作的初级阶段，组织化程度不高、运行不够规范、发展水平不高、节约交易成本的作用有限。

2. 地区和产业分布不均匀。

一般来说，由于经济作物和养殖业的经济价值和商品率高，专业化生产便利，技术的要求也比较高，因此从事这些行业的农户比其他行业农户更倾向于成立合作社。同样，由于农业发展水平、社会风俗习惯等因素的差异，农民专业合作社在不同省市、不同县域的发展也不均衡。在这种情况下，特定行业和地区拥有合作社的密度较低，处在低合作社密度行业和地区的农户的技术需求很难通过农民专业合作社的渠道得到满足。

---

① 《全国市场主体发展总体情况》，人民网，见 http://finance.people.com.cn/GB/15395715.html，2011 年 8 月 11 日。

对山东省农民专业合作社的调查显示：第一，农民专业合作社的整体结构不合理。种植蔬菜、果品的居多，开展农产品加工的较少，经营二、三产业的更少（见表5－1、表5－2）。第二，在生产领域合作多，流通、加工领域合作少；在产前、产中、产后的某个环节上服务多，提供综合服务、搞产加销一体化经营的少；经营服务区域在本乡本土的多，跨乡镇、跨县域的比较少；小规模经营的多，具有一定市场影响力和竞争力的比较少。第三，农技推广面相对狭窄。过去，以技术为核心的农业科技推广多将其目标定位在提高产量上，对本地特色农业、优势农业关注不够；技术推广工作的注意力主要集中在生产环节上，对农产品加工、储藏和标准化等环节关注不多，这些都在一定程度上影响了农技推广工作的实际效果。第四，技术服务种类单一。大多数合作社主要以某一项农产品为基础，进行相关技术交流，从而造成技术服务相对单一。

表5－1　山东省济南市农民专业合作社行业分布统计（2010年6月）①

	频数	有效百分比	累积百分比
种植业	1011	43.7	43.7
畜牧业	930	40.1	83.8
林业	139	6	89.8
服务业	49	2.1	91.9
渔业	92	4.0	95.9
其他	95	4.1	100
总计	2316	100	

表5－2　山东省阳信县农民专业合作社行业分布统计（2011年11月）②

	频数	有效百分比	累积百分比
种植业	35	27.1	27.1
畜牧业	76	58.9	86

① 济南市农业局经管处：《济南市农村经营管理情况2010年第二季度季报表》，见 http://www.jnny.gov.cn/nytj/nytj_detail.asp?id=2933。

② 对阳信县农业局统计资料的整理。

（续表）

	频数	有效百分比	累积百分比
林业	2	1.6	87.6
农机服务	16	12.4	100
总计	129	100	

3. 人才匮乏、经费不足。

现阶段农民专业合作社面临技术骨干短缺，农民专业合作社队伍整体素质偏低的问题。由于利益联结松散，很多真正会经营管理、懂技术的带头人和专业人才并不愿意主动加入农民专业合作社。人才的缺乏导致很多合作社极少开展技术推广的工作，即使存在技术推广的工作，所推广的技术也都是相对过时、效益相对不明显的技术成果。以上这些问题都限制了农民专业合作社在农业科技推广工作中作用的有效发挥。

另外，农民专业合作社还面临开展农业科研所需的经费欠缺问题。农民本身就是弱势群体，由农民组成的农民专业合作社的资金实力也非常有限，而农业科学技术的研究、推广应用以及农业新品种的引进、试种和示范推广都带有一定的风险性，因此政府需要出台相关政策，积极促进农业科技成果转化为现实生产力，努力为合作社创造良好的外部环境。

4. 内部管理制度不健全，规范化水平低。

目前我国农村合作社的主要成员为个体农户，对农户个体没有硬性规章制度的限制，尤其是在进社与退社方面，没有硬性要求。在这种较为松散的组织形式下，依靠农村精英领导的农业科技推广往往因为领导人的更替、合作社经济效益等多方面因素，导致合作社自身产生了巨大的变化，直接影响到科技推广的效果。另外，现在农民专业合作社发展速度快，领办主体多样，其中相当一部分财务管理制度不健全，产权不明晰，民主管理制度不落实，不少合作社是一个松散的联合体，合作基础不稳定。① 农民专业合作社良莠不齐，国家和地方有关部门在落实扶持其参与农业科技推广的优惠政策时存在一些实际困难，也影响到农民专业合作社推广农业科技的效果。

① 张淑云：《多元化农业推广组织协同运行机制研究》，河北农业大学博士学位论文，2011 年。

5. 多元管理体制的影响。

在我国现有的农业科技推广体系中，不仅包括科协、农业局等直接部门和单位，还涉及与此相关的众多组织，如财政、工商、气象局、电信、涉农企业等。受制于传统条块分割体制的影响，我国当下还没有形成相互配合、各有侧重、共同培育的良性支持体系，不同部门之间缺乏沟通和协调，存在力量分散、资源不能共享等问题。在农业部门内部，为保障农业推广机构有效发挥合作社的作用，需要相关部门和业务单位进一步加强协调工作。

财政、工商、电信等不同部门的支持为促进农民专业合作社的快速发展提供了有效的多元动力和激励。但是部门化、专业化的多主体供给格局在促进服务专业化的同时，相应地会使得衔接各项服务的难度增加。由于当下中国农民专业合作社的发展是一种开放性的格局，服务需求往往是综合性的，需要在不同的专业部门和服务之间进行有效协同，因此多元的动力支持和激励机制会促使合作社分头寻求服务，增加获取服务的成本。另外，如果多部门竞争一项服务需求，且缺乏优胜劣汰的竞争机制，必然造成对合作社财政扶持资金的过量需求以及专业化发展动力不足的问题。这些都是未来农民专业合作社发展中需要关注和完善的地方。

（三）农民专业合作社参与农业科技推广的机会

1. 发展现代农业的时代需要。

加快发展现代农业，既是转变经济发展方式、全面建设小康社会的重要内容，又是提高农业综合生产能力、增加农民收入、建设社会主义新农村的必然要求。由于现代农业的发展过程必须坚持用现代科学技术改造农业，用现代产业体系提升农业，用现代经营方式推进农业，用现代发展理念引领农业，所以农业科技创新与推广是现代农业发展的重要技术支撑体系。

改造传统农业，实现农业现代化，必须依靠技术进步和人力资本①。国际农业发展的经验也表明，要将农业科技成果快速转化为现实生产力、提高农业生产效率，就必须要有一个高效的农业科技推广体系，它扮演着将农业科技传递给农民的重要角色。对此，2008 年中央一号文件就明确提出，加强农业科

① 〔美〕西奥多・W. 舒尔茨：《改造传统农业》，梁小民译，商务印书馆 1999 年版，第 16 页。

技和服务体制建设是加快发展现代农业的客观需要。2012 年中央一号文件也以“加快推进农业科技创新，持续增强农产品供给保障能力”为主题，对农业科技进行了全面部署。另外，国务院于 2012 年 2 月印发了《全国现代农业发展规划》。这部新中国成立以来的首部现代农业发展规划提出，到 2015 年现代农业建设要取得明显进展。其中，农业科技进步贡献率要从 2010 年的 52%增加到 2015 年的 55% 以上，农村实用人才总量从 2010 年的 820 万人增加到 2015 年的 1300 万人。①

发展现代农业，关键在于农业科技的进步。现代农业发展的时代背景和需求为农民专业合作社从事农业科技推广提供了一个广阔的舞台。

2. 农民专业合作社的快速发展。

作为助推新农村建设的重要力量的农民专业合作社，其发展受到多方肯定和支持。特别是《中华人民共和国农民专业合作社法》自 2007 年 7 月 1 日实施以来，为农民专业合作社发展提供了良好的法制保障和“前所未有的历史机遇期”②。《农民专业合作社法》专门设置了“扶持政策”一章，该章从项目建设、财政扶持、金融支持、税收优惠等方面做出了规定。同时各地加快合作社法制建设进程，多省市出台了推动合作社发展的地方配套法规，在此基础上，扶持农民专业合作社发展的政策体系正逐步形成。国家对合作社税收优惠、金融支持、农产品流通、承担涉农项目等方面的支持政策陆续出台。各级政府按照《农民专业合作社法》的要求，不断加大对合作社发展的财政投入。2003 年到 2009 年，中央财政累计安排专项资金达到 13.75 亿元，各地省级财政安排专项资金达到 18.2 亿元。③ 另外，近些年来中央多个一号文件明确提出了支持农村经济合作组织发展的一系列政策措施。党的十七届三中全会通过的《决定》对发展农民专业合作社作出了新的部署。

多方的有力政策促进了农民专业合作社的快速发展，到 2012 年第三季度末，全国依法登记的合作社达到 64.7 万家，实有入社农户 4900 万左右，约占

---

① 《全国现代农业发展规划》（2011—2015 年），中华人民共和国中央人民政府网站，见 http://www.gov.cn/zwgk/2012-02/13/content_2062487.htm，2012 年 2 月 13 日。

② 《农民专业合作社发展》，《经济日报》2010 年 7 月 2 日。

③ 《农民专业合作社发展》，《经济日报》2010 年 7 月 2 日。

全国农户总数的19.6%。伴随着市场竞争能力的显著提升，合作社进行农业科技推广的水平也进一步提高：2012年全国有1000家合作社承建了粮棉油糖高产创建项目；1000个左右的蔬菜园艺作物标准园的创建项目中，有一半是由合作社来承担；1200多家合作社获得农产品产地初加工项目补助；211亿元农机购置补贴资金中大约30%用于支持合作社购置农机装备；600家合作社获得农业信息化建设试点项目硬件补助。[①] 2012年中央一号文件以“加快推进农业科技创新，持续增强农产品供给保障能力”为主题，对农业科技进行了全面部署。为提升农业科技推广能力，文件提出要“充分发挥农民专业合作社组织农民进入市场、应用先进技术、发展现代农业的积极作用”。在联合国将2012年确定为国际合作社年的背景下，一号文件的出台为合作社参与农业科技推广提供了广阔的政策空间。

3. 国家政策支持和导向力度的加大。

国内外相关实践表明，农民专业合作社在加快农业科技成果的推广应用和完善农技推广体系中发挥了重要的作用，与政府、市场共同构成了多元化的农业科技推广服务体系。

为了进一步发展农业科技推广工作，加快农村科技成果转化，鼓励和支持农民专业合作社从事农业科技推广活动，我国相继出台了一系列文件与法律法规。近几年比较有代表性的有《国务院关于深化改革加强基层农业科技推广体系建设的意见》（国发〔2006〕30号）和《农业科技发展规划》（2006—2020年），两者都明确指出：“要逐步建立起以国家农业技术推广机构为主导，农村合作经济组织为基础，农业研究、教育等单位和涉农企业广泛参与、分工协作、服务到位、充满活力的多元化农业技术推广体系”。

2012年中央一号文件提出要“充分发挥农民专业合作社组织农民进入市场、应用先进技术、发展现代农业的积极作用”。2012年8月31日新修订发布的《农业技术推广法》第十条规定：农业技术推广，实行国家农业技术推广机构与农业科研单位、有关学校、农民专业合作社、涉农企业、群众性科技

① 赵铁桥：《凝聚共识促发展——农民专业合作社2012年回眸与2013年展望》，载《中国农民合作社》2013年第1期。

组织、农民技术人员等相结合的推广体系。第二十五条规定：国家鼓励和支持农民专业合作社、涉农企业，采取多种形式，为农民应用先进农业技术提供有关的技术服务。这些条款确认了合作社在农业技术推广中的作用，在“一主多元”的推广体系中明确了其地位。所有这些都为农民专业合作社参与农业科技推广创造了良好的政策法规环境。

（四）农民专业合作社参与农业科技推广的挑战

1. 合作社发展中的异化。

研究资料显示，随着政府进一步加大对农民专业合作社的扶持力度，不断出台财政、税收优惠政策和资金、技术方面的扶持政策，一些从事农业产业的加工、经销、物流企业为了套取各级政府对农民专业合作社的优惠政策，纷纷戴上“红帽子”，翻牌为农民专业合作社。如今，这些由企业兴办的“翻牌”合作社，相对于由农民兴办的真正合作社，往往具有更强的经济实力，有专门的办公场所、标准化的生产基地，有自己的品牌和产品，因而更能吸引政策激励，从而挤占本不属于他们的政府资源。农业部农村经济研究中心原主任缪建平估计，这类“翻牌”合作社可能占合作社总数的20%—40%。[①] 与此形成鲜明对比的是，一些成员主体真正是农民的专业合作社，由于没有农村能人、涉农机构或企业带头，或只是当地基层政府为摆门面而办，缺乏真正合作的基础与条件，登记成立后沦为无经营服务和办公设施、无产品品牌和销售市场、无经营收入的“三无”合作社。中国农业大学经济管理学院教授何秀荣指出，大概80%以上农村合作社徒有虚名，或是出于政绩需要，或是为从中牟利而设。[②] 合作社发展中的异化现象极大地影响其在农业科技推广中的作用发挥。

2. 推广机制的不完善。

目前我国农业科技推广是以政府领导为核心，以中央到地方的各级农业推广站为重点，高等农业院校、科研院所、企业、合作社等各类推广机构共同参与，以种植、林业、畜牧、养殖等专业为主要内容的推广体系。这种推广体系

---

① 马东红：《农民专业合作社异化引关注7种常见假合作社被披露》，《中国产经新闻报》2010年12月10日。

② 郭小和：《八成农合社被指空壳“假合作社”借政策套现》，腾讯网，见http://finance.qq.com/a/20100630/000206.htm，2010年6月30日。

尚不完善，如各个推广组织在不同范围内都在从事着以项目推广为主要内容的推广工作，他们自成体系、自我封闭、缺少内在有机联系。这种状况必然造成推广力量上的相对分散、工作上的重复、大量人财物等资源的浪费，难以发挥农业科技推广的整体功能和效益。

二、农民专业合作社参与农业科技推广的作用机制分析

农民专业合作社是我国农技推广体系的重要组成部分。新中国成立后，特别是改革开放以来，我国逐步建立了以政府农业科技推广机构为主体，以社会化服务组织为补充的多层次、多功能的农业科技推广体系。其中，作为农民自我发展、自我服务的经济合作组织，经过多年发展已经成为我国农业推广体系的重要组成部分，成为农业科技成果转化和推广中最活跃、最有效的一类中介组织。据有关部门统计，2006 年经济合作组织所提供的农业技术服务占到农民从外部所获农业技术服务的 26%。①

（一）农民专业合作社参与农业科技推广的行为方式

农民专业合作社作为农业科技推广体系中的一个重要主体，发挥着基础性的作用。实践中，合作社在满足成员需求的基础上，发挥自身优势，借助多方力量，灵活采取多种形式开展农技推广。

1. 技术宣传与经验交流。

技术宣传与经验交流主要表现在合作社发挥智力优势，向成员和农民传播科技知识和专业技术；会员或非会员借助在农民专业合作社内部形成的关系网络对技术心得、疑难等进行探讨，以提高各自技术水平。技术宣传与经验交流是农民专业合作社进行农业科技推广时普遍采取的方式，很多合作社充分利用现代信息化技术，通过短信、网络等手段，及时准确地将科技信息、市场信息发布给成员。

2. 技术指导。

技术指导是农民专业合作社对会员或非会员在农业生产各环节中所遇到的

---

① 夏英：《农民专业合作经济组织参与农技服务的目标模式》，载《中国农民合作社》2012 年第 3 期。

特定技术问题进行单独指导，以有针对性地解决特定对象所出现的技术疑难。技术指导是农民专业合作社最基本的技术服务功能。同时，还通过与科研教育等单位合作的方式，长期聘请专业技术人员进行技术指导，以提高农技推广的效果。

3. 教育培训。

在合作社生产管理过程中，开展教育培训是推广技术的重要手段。这主要是指农民专业合作社为解决会员普遍面临的技术难题，组织专人（农民专业合作社自身的技术力量或外来技术专家）进行公开技术演示。既可以是定期的也可以是非定期的。不少合作社通过聘请专家授课指导、印发培训资料、建立“科技书屋”和培训教室等方式灵活地开展相关培训。

九间棚合作社举办金银花管理技术培训班①是一个典型的事例。2011 年 5 月 4—5 日，由山东沂蒙山药业科技有限公司、广东加多宝集团、平邑县九间棚农业科技园有限公司、山东岐黄中药饮片有限公司、平邑县临涧镇人民政府共同主办，分别在临涧镇兴旺庄村、巩家村举办了两期“平邑县九间棚金银花专业合作社筹建动员会暨临涧基地金银花管理技术培训班”。以上单位的部分领导、员工以及临涧镇兴旺庄村、巩家村等 20 余个村庄的村“两委”干部、金银花骨干户等 120 余人参加了动员会和培训班。

山东沂蒙山药业科技有限公司常务副总经理、平邑县九间棚金银花专业合作社筹建负责人刘守文，利用丰富多彩的多媒体教学课件，形象生动地讲述了“金银花专业合作社成立的背景及好处、筹建方案、运行模式、近期筹办事项”等 4 个问题；广东加多宝集团张可元同志利用多媒体教学方式，从“金银花的育苗、剪枝、施肥、防治病虫害、采摘、晒干和烘烤”等方面，系统地讲述了金银花标准化种植管理技术；平邑县九间棚农业科技园有限公司总经理廉士东，讲述了“大毛花金银花和九丰一号金银花的发展前景、关键栽培管理技术、应注意把握的几个重点环节”等；兴旺庄村党支部书记王万勇、巩家村党支部书记李传林分别表示，一定要强抓机遇，广泛发动村民，大力发

① 见 http://www.cnjiujianpeng.com/html/jiujianpenghezuoshe/hezuoshedongtai/2011/0829/83.html，2011 年 8 月 29 日。

展金银花，加入金银花合作社，更好地带领村民发家致富，并与各家公司实现合作共赢；临涧镇人民政府副镇长崔宝丰对“大力发展金银花和发动花农加入金银花合作社”进行强调和要求。两期培训班均受到镇、村两级领导和广大花农的欢迎和好评，产生了良好的培训效果。

4. 试验示范。

试验示范是指农民专业合作社为引导会员或非会员更好地掌握农用技术，开辟专门的示范园地进行示范。这种方式对于新技术的传播能够发挥更好带动作用。合作社采取试验示范的方式，可以让成员更直观地看到效果，更快接受新的技术；可以减少由于引进技术不适用等导致的风险，有效地提高合作社和广大成员的经营效益。

5. 新技术引进。

新技术引进是指针对会员所需，合作社通过与科研院所、政府机构、农资公司、农技服务公司、销售企业等主体合作，引进技术或物化成果，推进农资使用规范化、技术标准规程化、产品销售规格化。以集体方式引入新技术可降低会员个人采纳新技术的成本，同时，合作社通过开展技术统一、管理统一、市场统一等统一服务管理，建立生产标准化制度，引导成员按照相关标准化要求使用农资、进行生产，以有效提高农技推广的效率。

（二）农民专业合作社参与农业科技推广的运行模式

农民专业合作社从政府有关部门、农业推广机构、科研教育单位、涉农企业和其他社会力量中，获得项目、人才、技术、信息、生产资料、资金等多种支持和服务，组织合作社社员发展生产，并通过社员的辐射作用，带动周边农民学习应用新技术、新成果，促进农业科技推广。农民专业合作社带动社员和农户参与农业科技推广的运行模式主要有以下几种：

1. 政府项目带动型。

这类合作社通过接受地方有关部门的项目发挥其示范作用。2010 年 5 月 4 日，农业部等七部委发出《关于支持有条件的农民专业合作社承担国家有关涉农项目的意见》，对农民专业合作社承担涉农项目起到了积极的推动作用。

山东沂水县高桥镇李家牛旺韭菜专业合作社于 2009 年 10 月被确定为全国基层农技推广示范县农业科技试验示范基地（有机蔬菜）。为搞好有机韭菜生产，该村注册成立了韭菜专业合作社，由合作社对基地进行“五统一”管理，即统一环境要求，对进行有机韭菜生产的地块进行了土壤重金属、肥残、药残监测，合格的经至少2年的转换期方可进行有机韭菜生产，并登记备案；统一供应农业投入品，合作社设立有机韭菜生产资料供应点，基地农户生产所需的肥料、生物、矿物农药、防虫网、黏虫板等统一供应，并记录在册，严禁使用化肥、化学农药和供应点外的农业投入品；统一技术指导和生产记录，生产前由合作社印制《有机韭菜生产技术操作规程》，下发到基地农户，农户按规程生产，并建立生产记录，如实记录生产活动，合作社统一组织外出参观学习，对农户进行技术培训，指导生物农药、肥料使用，指导盖防虫网、挂杀虫灯、黏虫板等；统一质量检测，产品上市前由合作社对各基地农户产品进行估产和产品抽检，合格的可按有机韭菜销售，不合格的不能按有机韭菜销售，严禁用非有机韭菜冒充有机韭菜；统一产品销售，合作社申请了有机食品认证，订制了包装箱，通过农企（超）对接，合作社对基地所产合格的有机韭菜统一销售。①

2. 能人、专业大户带动型。

这类合作社主要由农村中的能人或专业大户领头，以其掌握的市场营销渠道，先进的栽培、养殖技术和优良品种，带动合作社社员发展生产，增强产品的市场竞争力。

山东省平原县前曹镇益民土地托管合作社的发起人，曾经担任乡镇种子站站长，后来从事种子和农业生产资料经营。他既是农技人员，又有农业生产资料经营渠道和经验。在成立土地托管合作社后，他一方面发挥技术优势，将连片承租社员的200亩耕地全部作为玉米良种繁育基地；另一方面发挥经营农资的优势，为农民提供比市场价便宜的农药、化肥和种子等。

3. 龙头企业带动型。

这类合作社技术推广是由龙头企业带动，有的合作社原来就与龙头企业存在“公司+农户”合作关系。平邑县九间棚金银花专业合作社的技术推广是

① 见 http://www.farmers.org.cn/Article/ShowArticle.asp?ArticleID=31492，2009年12月31日。

一个代表性案例。①

2006年9月，九丰一号金银花GAP基地建设及产业化开发项目成为国家级星火计划项目，承担单位是九间棚公司。在此背景下，九间棚公司用两种模式推广九丰一号金银花。在县内，依托合作社运作。2009年9月，平邑县九间棚金银花专业合作社（下称九间棚合作社）成立，合作社有4个企业成员、510个农民社员，共种植九丰一号金银花6000亩。平邑县九间棚农业科技园有限公司、山东九间棚药业有限公司、山东九间棚农业科技有限公司和平邑县金银花协会是单位成员，共出资97万元。510户来自巩家庄及其周边一些村的社员，带土地入社，每个社员只需出资100元。合作社以最优惠的价格卖给社员九丰一号金银花种苗，社员在各自的耕地上种植，接受合作社的技术服务与管理。在县外，依托公司运作。九间棚公司在北京、云南、重庆、广东成立4家控股子公司，子公司负责九丰一号金银花在当地及周边地区的推广工作。推广办法有园区育苗，示范种植；与当地政府联手推广；开现场会、建网站宣传九丰一号，接受客户咨询，洽谈业务；建立技术队伍，对种植户进行技术指导和人员培训；统一收购、加工、销售九丰一号鲜（干）花；推广金银花杀青干燥设备、金银花专用肥料及其他生产资料。

4. 涉农服务单位带动型。

这类是由涉农部门如农业科技推广部门、供销社、农业科研教育单位等牵头，帮助农民成立的合作社。山东省惠民县家畜改良站、大连雪龙公司、部分乡镇兽医站与586个养牛农户组成雪龙肉牛养殖专业合作社都属于此类。合作社为社员提供以下服务：一是由雪龙公司无偿提供冷冻细管统一配种，并回收犊牛；二是把全县冷配技术人员纳入合作社管理以接受培训，依靠冷配技术员为社员提供配种、饲喂、防疫等方面的技术指导；三是帮助社员筹措资金，购买和调剂母牛；四是帮助社员解决饲草饲料种植、加工、贮存和购买等问题。

山东省高唐县兴农棉花种植专业合作社，是在县供销社的指导下，上靠省棉花科学研究所，下联村委会和农户，引进、培育、推广棉花优良品种。它吸

---

① 见 http：//www. langya. cn/lyxw/zxwxqxw/pingyi/201202/t20120223_ 102568. html，2012年2月23日。

收社员861户，带动农户3000多户，种植良种棉花25200亩。合作社通过省棉花科学研究所向基地提供良种、信息和管理技术，做到播种、施肥、灌溉、病虫害防治、杂交授粉、采摘收购、储存、加工、销售“八统一”，为棉农提供产前、产中、产后服务，帮助社员节约生产成本，提高生产效益。2009年，入社农户年收入比入社前增长15%以上，入社农户比当地未入社农户收入高35%以上。①

（三）农民专业合作社参与农业科技推广的作用机制

中国传统的农业科技推广机制是政府通过一定形式自上而下地单向度地向农民进行农技或物资推广和科普宣传（见图5－1）。长期以来，我国的农业科技推广职责在很大程度上由政府独导，然而在市场经济条件下，政府既难以紧跟市场变化并对推广行为做出调整，也无能力面对上亿分散的农户实施技术推广，因而客观上一方面要求用多元化的农业科技推广体系来取代传统的推广模式；另一方面，现有体系中还存在推广同科研及农业生产需求脱节，推广资源配置不合理等问题。上述问题的根源在于分散的农户缺乏自己的利益代言人，他们对农业科技的需求偏好无法传递给农业科研、推广部门，而政府、科研人员、技术推广人员与农民在技术选择上又存在相当差异，他们也缺乏足够动力去充分了解农民的技术需求信息，从而导致了技术供需的脱节和资源配置的错位等问题。

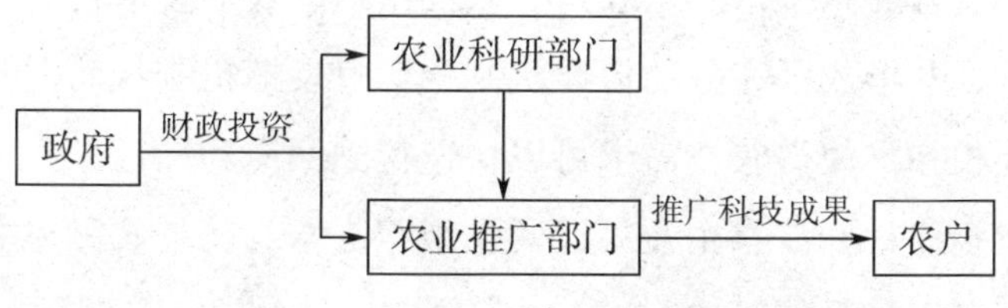

图5－1　传统农业科技推广流程

面对上述问题，农民专业合作社作为农民自有的组织，既可以弥补政府推广能力的不足，又可以作为农民利益的代表将农民的呼声反映给政府。从传播的渠道上看，农民专业合作社促使科技传播从单一模式向多元渠道发展，整合了政府、市场、民间三大领域的资源和力量，增强了农村科技传播的社会推动

① 见http：//www.dzcoop.cn/n892345/c7908059/content.html，2013年3月13日。

力。农民专业合作社在农业科技推广中，上联政府有关部门、农业推广机构、科研教育单位、涉农企业等，下联合作社社员，并通过社员的辐射作用促进农业科技推广，成为农业科技纵深发展的有效载体，在农业科技推广工作中发挥了基础作用。农民专业合作社参与农业科技推广组织结构图（见图5－2）。

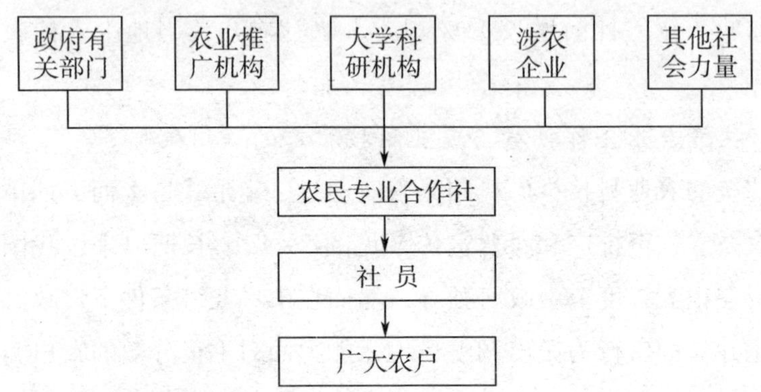

图5－2 农民专业合作社参与农业科技推广组织结构图

传统的反映政府偏好的农业科技推广体系必须向反映农户需求上转化。图5－2重构了我国农业科技推广体系的流程，最重要的变化就是通过一系列传导机制、信息反馈机制使农业科技推广行为紧紧围绕农户和市场的需求。在这一过程中，农民专业社成为反映农民需求、市场变化的重要载体，同时又兼具农业科技推广主体和受众的双重身份，发挥着重要作用。在图5－2中，我国农业科技推广流程囊括了市场、农户、农民组织、农业技术科研部门、推广部门等各大要素，并形成了完备的传导机制、信息反馈机制从而把各要素紧密联系起来，环环相扣，使得农技需求可以快速得到回应和满足。

农民专业合作社、涉农企业等经营性组织，本身就与农民建立了紧密的利益联结机制，它们进行的试验示范、农资供应、标准化生产指导和技术培训、农产品市场营销等活动，满足了农民个性化、市场化的服务需求，是对国家推广机构公益性服务活动的重要补充。

合作社建立规范的农技推广辅助体系，如农资管理、成果应用、技术引进、基础生产设施、示范园区等，为农技推广应用夯实了一定的基础，如邀请专家授课培训农户、印发技术资料、送科技下乡等活动的开展，直接推广了农业适用技术，提高了土地产出率，经济、生态和社会效益显著提高。

农民在组织化过程中形成和强化了科技意识，“科技兴农”不仅内化成为农民的共同意识而且在实践中被外化为农民组织的具体行为，这必然促使农村社会基本生产以及生存方式的改变。以组织为依托的传播途径既可以弥补人际传播中范围狭窄的缺陷，又可以促使农民在生产中逐渐增强对科技的认可和学习，弥补了电视传播中存在的信息杂乱以及不易记忆等缺点，这显然非常有利于科技在农村的传播。

按照农民专业合作社在农业科技推广中的运作方式，可以将其作用机制分为以下几种：一是资源优化配置。农民专业合作社作为一种有效率的制度安排，其本质特点是将家庭经营的个体弱势转化为群体优势，在更大范围、更广空间内实行资源的优化配置。二是技术需求培育。农民专业合作社中社员参与、民主管理的制度保证了成员是合作社开展技术服务、技术推广的主动选择者，并决定服务的内容而不是简单的被动的接受者。三是技术推广沟通。农民专业合作社在农业科技推广中，上联政府有关部门、农业推广机构、科研教育单位、涉农企业等，下联合作社社员，并通过社员的辐射作用促进农业科技推广，成为农业科技纵深发展的有效载体，在农业科技推广工作中发挥了基础性作用。四是促进技术扩散。合作社提高了农民的组织化程度，架起了农户与科研机构之间沟通、合作的桥梁，成为两者之间进行有效的双向交流与信息传递的中介组织。相对单个农户而言，合作社具有较高素质的经营管理人员、技术人员，能更好地发现和传递农业发展中面临的技术问题和研发需求；同时，合作社对研发需求的选择，是站在了解市场需求、产供销一体化的角度上进行思考的，更具有市场导向和符合市场需求，通过与科研单位研发优势的结合，加快了农业科技创新的步伐。

案例：济南百瑞蓝莓种植专业合作社[①]

济南百瑞蓝莓种植专业合作社是2006年年初济南市柳埠镇与吉林农业大学果树教研室合作、由济南华莱特科技有限公司出资1500多万人民币而建立的。作为一种新兴的快速致富产业，蓝莓种植需要相应的技术作为保障。为

① 见http：//www.jnbrlm.com/Introduction.aspx。

此，合作社聘请吉林农业大学果树教研室教授周清桂作为合作社的技术顾问，由三名吉林农业大学果树专业的研究生和两名毕业于吉林农业大学的园艺师组成专业人员技术队伍。该合作社坚持科技创新，经过艰苦努力和引进国外先进品种和技术，已经培育出适合中国种植的蓝莓品种46个，其中南方品种31个，成为国内蓝莓品种数量最多、规模最大、品种最全、最先进的实验室。合作社已经成为全国最大的蓝莓种子资源库。目前，合作社拥有育苗大棚28个，面积达到16000多平方米，并且形成了一套独特的蓝莓樱桃大棚育苗先进技术；苗盘生根技术、大棚夏季管理技术、大棚冬季越冬技术、大棚幼苗水肥管理技术、生根剂调整技术、生根基质合成技术、绿枝扦插技术、硬枝扦插技术、营养钵的基质技术、营养钵的管理技术等，为蓝莓的育苗发展打下了坚实的基础。科技是第一生产力，经过短短几年的努力，合作社资产已经达到6000多万元，真正实现了现代农业的跳跃式的发展。

第六章 CHAPTER 6

我国农村经济合作组织的发展困境

◇ 农村经济合作组织发展中的基本问题

◇ 农村经济合作组织发展问题的原因分析

农村经济合作组织在深化农村经济改革、优化乡村治理结构、促进农村社区建设和提高农村经济组织化程度等方面发挥着显著的作用。但是应该看到，我国的农村经济合作组织发展还处在起步阶段，其组织发育的层次较低，功能发挥和运作水平参差不齐，运行机制还很不规范。这些问题存在的主要原因在于现阶段我国农村经济合作组织发展面临着种种制约因素。无论是其发展的内在因素还是外在条件仍然有待进一步探索和改进。因此，本章将针对农村经济合作组织发展中所面临的影响因素进行全面系统的分析，并追溯制约因素存在的根源，从而为合作组织的持续发展奠定良好的理论基础。

第一节　农村经济合作组织发展中的基本问题

一、组织化程度低，总体实力较弱

根据国家工商总局的统计资料，截至2012年年底，农民专业合作社实有68.9万个，出资总额1.1万亿元。① 截止到2013年8月份，我国共有农民专业合作社88.57万户，出资总额1.63万亿元。② 数据显示，我国农村经济合作组织呈现出较快的发展势头。

但我们也应该注意到，我国农村经济合作组织的农户总体覆盖率并不高，其发展规模仍然比较弱小。截至2011年年底，农民专业合作社实有52.17万

① 《盘点2012年全国市场主体发展总体情况》，新华网，见http://news.xinhuanet.com/fortune/2013-01/10/c_114326251.htm，2013年1月10日。

② 《2013年8月全国市场主体发展报告》，人民网，见http://yuqing.people.com.cn/n/2013/0913/c244089-22910795.html，2013年9月13日。

户。[①] 与60多万个行政村相较，平均每村都会有一个农民专业合作社。但仔细查看数据就会发现，入社农户所占比重极小。如2011年上半年，四川、山东两省的农民专业合作社平均入社成员数量仅为15.4人和9.8人，而河南省农民专业合作社平均社员数仅为7.5人，只比法定设立人数高2.5人。另外，合作社的户均出资额也相对较低。截至2011年6月底，山东省农民专业合作社平均出资额为111.1万元、四川省为124.0万元、上海市为142.1万元、河南省为156.9万元。以户均出资额较高的河南省为例，合作社出资额在100万元以下的有19119个，占合作社总数的62.2%，100万—500万元的有9765家，占比为31.7%，500万元以上的有1874家，占比仅为6.1%。[②]

我国的这种情况与国外农村经济合作组织的发展形成鲜明的对比：如丹麦98%农民都是合作社社员，每个农户平均参加3.6个合作社；美国4/5农场主参加了各种形式的合作社，由合作社加工的农产品占80%，每个农户平均参加2.6个合作社；新西兰、澳大利亚、日本、韩国参加合作社农民达90%以上；巴西、智利80%左右农户都是合作社社员。就连许多发展中国家乃至于欠发达国家，入社农户所占比重也不算低，像印度、孟加拉、斯里兰卡、泰国入社农民占30%—60%；肯尼亚、坦桑尼亚、乌干达等入社农民也达到了10%—30%。[③]

农村经济合作组织发展实力较弱除表现为规模较小、带动能力不强外，还表现为区域辐射范围较小。调查数据显示，合作组织组建的地域范围在乡镇范围内的占84%；县级范围内的占10%；跨县的只有6%。[④] 这些都不同程度地制约了合作组织的进一步发展。

---

① 徐世艳、梁繁、郑丹：《农民专业合作社农业社会化服务模式分析》，载《青岛农业大学学报》（社会科学版）2012年第2期。

② 国务院发展研究中心市场经济研究所“优化我国农产品流通体系的政策研究”课题组：《我国农民专业合作社发展的现状、问题与政策建议》，见 http://www.sdny.gov.cn/art/2012/11/1/art_621_321917.html，2012年11月1日。

③ 赵泉民：《农民的公民意识与中国乡村合作经济组织的发展》，载《社会科学》2010年第8期。

④ 楚国良：《农民合作经济组织发展的实践与思考》，见 http://www.ahhzs.com/news/dt/201010/15-16474.html，2010年10月15日。

二、产业分布不均，发展水平较低

在市场经济结构中，不同的农业产品对市场的依赖度有很大的不同。国内外实践表明，农村经济合作组织的发展与农业的市场化和专业化程度紧密相关。就产品特性而言，产品的商品率越高，对市场的依赖程度越大；农业剩余利润空间越大、市场越不稳定，单个小农户在农产品市场上的竞争空间越小，越容易产生合作组织的需求。具体来看，在农业内部，合作组织多兴起于具有较明显的季节性或时间约束、较强易损性的农产品领域以及规模经济较显著、专业化程度较高的专业领域。①

目前，我国农村经济合作组织的发展首先已经逐步拓展到种植、畜牧、农机、渔业、林业、技术信息等农村产业，如山东省从事种植业的专业合作社有24594个，占总数的49.4%；其次，养殖业有16669个，占总数的33.5%；再次，与农业生产经营有关的技术、信息等服务有14249个，占总数的28.6%。② 但对数据的进行详细分析会发现，种植业和畜牧业一直是合作组织分布的重点产业。据农业部经管总站统计，截至2006年年底，农村经济合作组织中，种植业占49%，畜牧业占20.4%，渔业占3.7%，农机服务业占2.9%，其他占24%，各省的情况也大致如此。赵兴泉等学者③利用浙江省农业厅对全省11个市、500家农民专业合作社的问卷调查数据说明，在323家样本合作社中，从事种植业的212家，占65.64%；畜牧业的58家，占17.96%；渔业33家，占10.22%；其他20家，占6.19%，这与黄祖辉对浙江省2667个农村经济合作组织的调查数据一致。④

农村经济合作组织首先产生并发展于对市场依赖程度较高的产业部门。⑤种植业和养殖业合作组织的比例较高，这一方面说明这两个领域的农产品商品

---

① 刘凤姣：《我国农民合作经济组织发展困境、成因及对策》，载《商业研究》2007年第6期。

② 国务院发展研究中心市场经济研究所“优化我国农产品流通体系的政策研究”课题组：《我国农民专业合作社发展的现状、问题与政策建议》，见 http://www.sdny.gov.cn/art/2012/11/1/art_621_321917.html，2012年11月1日。

③ 赵兴泉、童日晖、顾剑明、郑水明、应风其：《从323家合作社看浙江农民专业合作社发展》，载《农村经营管理》2007年第8期。

④ 黄祖辉等：《农村经济合作组织发展的影响因素分析——对浙江省农村经济合作组织发展现状的探讨》，载《中国农村经济》2002年第3期。

⑤ 郭庆海：《我国农民合作经济组织产业分布差异解析》，载《农业经济问题》2007年第4期。

率较高，单个农户参与市场需要承担的风险较大，因而有较强烈的合作需求和动机。另一方面，种植业和养殖业的高比率也凸显了农技服务、金融合作、信用保险等领域合作组织发展的不足。这种发展状况表明我国现有的合作组织多集中于初级产品，产业结构和发展水平还比较低，组织与社员（会员）的利益关系还不够紧密，今后应该注重相关领域的市场培育和政策激励，发挥合作组织在现代农业更高层次发展中的积极作用。

三、内部运作不规范，民主管理原则受到挑战

合作组织的运作机制是否规范、完善是制约其持续稳定发展的重要因素。对我国现有的农村经济合作组织进行考察，可以发现，合作组织运作不规范包括两个层面的问题：一是合作组织内部管理不规范，二是合作组织被经营大户或龙头企业把持，出现民主管理原则无法贯彻落实的状况。而这两个方面的问题又是互相联系和互相影响的。

（一）合作组织内部运作不规范

自2007年《农民专业合作社法》颁布实施以来，多数合作组织依法进行了登记注册，并制定不同制度规范以彰显其内部管理的规范性。但是从总体来看，大多数合作组织对内部管理制度重视不够：很多合作组织还没有形成规范有效的组织章程和具体管理制度，一些合作组织只是在登记注册时借鉴其他组织的章程模本改头换面而成，有些合作组织虽然制定了章程但并没有严格按章程进行管理，运作和管理的随意性较大；多数合作组织的机构设置不健全，没有按照相关要求设置成员大会、理事会、监事会等组织机构，经常是由领办的经营大户或龙头企业主导了合作组织的决策和管理；大部分合作组织的财务管理制度和收益分配制度十分混乱，有些合作组织未实行二次分配，财务管理和盈余分配、亏损处理制度形同虚设，根本无法实现合作互助的目的。

中国社科院的农村研究学者苑鹏曾考察过天津宝坻的一个养鸡合作社，发现“农民几乎不参加成员大会，多数情况下都由理事长说了算”。[1] 而这种情

① 何流：《合作社的现实之惑》，见 http://finance.sina.com.cn/review/20090206/14005825745.shtml，2009年2月6日。

况在国内其实比较普遍。笔者 2011 年曾经去山东一家养牛合作社调查，社长介绍他们从农户手里收购一头牛只需 2 万元左右，而其经过专业化深加工，一头牛不带牛皮就可以卖出 12 万元，但合作社对农户的盈余返还却只有 50 元。由于缺乏规范的管理制度和运作机制，组织与社员（会员）的利益关系还不够紧密，很多合作组织都处在“有组织无合作”的松散状态。

（二）合作组织民主管理制度无法贯彻落实

我们应该看到，合作组织的内部管理不规范既与农户相关，更是经营大户或龙头企业把持的结果。一方面，大部分农户关心的主要是合作组织的领办人能否帮助他们购买价格低廉的农业生产资料，引导其生产、销售适销对路的农产品，及时提供市场信息和技术服务，至于对合作组织怎样运作、怎样管理、会员应该拥有哪些权利、承担哪些义务等问题却不大关心，对农民合作社具有的民办、民管、民受益等特点和优势也缺乏了解和认识。另一方面，虽然我国农村经济合作组织的领办主体呈现多元化趋势，但就具体情况看，农村能人和专业大户牵头领办的农村经济合作组织占很大比重。中国农业科学院农业经济与发展研究所课题组 2007 年的调查数据显示，我国农村能人或专业大户领办的合作组织占到所有合作组织的 69.2%。各省农村经济合作组织领办主体发展状况也支持这一结论。课题组对四川、山东、云南、河南、吉林、浙江、江苏 6 个省、24 个市县、45 个乡镇、91 个村庄的 355 户农户进行调研发现，从农户参加的农村经济合作组织的组建情况看，58% 的农户参加的农村经济合作组织是由专业生产或者贩销大户发起组建的，26% 的农户参加的农村经济合作组织是由村委会或政府相关部门发起组建的，16% 的农户参加的农村经济合作组织是由其他机构（如龙头企业）组建的。[①]

在这样的现实条件下，虽然我国《农民专业合作社法》第十七条明确规定：“农民专业合作社成员大会选举和表决，实行一人一票制，成员各享有一票的基本表决权。出资额或者与本社交易量（额）较大的成员按照章程规定，可以享有附加表决权。本社的附加表决权总票数，不得超过本社成员基本表决

① 中国农业科学院农业经济与发展研究所：《新形势下农民专业合作组织研究》，2007 年第一期中央级公益性科研院所基本科研业务费专项成果材料。

权总票数的20%。享有附加表决权的成员及其享有的附加表决权数，应当在每次成员大会召开时告知出席会议的成员。”但在实际运作过程中，领办大户的榜样示范作用和龙头企业在合作组织中相对的主导权，加之农户对他们的特殊依赖与信任，往往使得前者曾够独当一面，大包大揽。这样，合作组织“由能人（即村干部、技术能手和专业大户）领办的，受能人控制；企业领办的，受企业控制。一人一票常常形同虚设”①。这就又形成对合作组织内部民主管理制度的破坏。

四、合作组织出现异化，农民利益无法保障

农村经济合作组织的参与主体应该主要是农民，其根本出发点是要为广大农户的农业生产提供服务。如果合作组织不符合相关规范、原则，偏离合作组织的本质，就会出现合作组织的异化。

农民专业合作社是我国当下农村经济合作组织的主要表现形态。以合作社为代表可以清晰地观察到合作组织的异化现象。世界宣明会项目官员常竹青总结了我国七种较为常见的假农民专业合作社以此来说明合作组织的异化，即空壳合作社、个体合作社、家族合作社、企业合作社、官办合作社、村委会合作社和骗子合作社。他认为，所有这些假合作社创办初衷不是为了农民利益，而是为了套取政府的优惠政策。②

《农民专业合作社法》颁布实施以后，各级政府部门在扶持合作社发展的大背景下，密集出台了多项财政、税收优惠政策和资金、技术方面的扶持规定，并且呈现扶持力度不断加大的趋势。在现有的政策体系中，合作社经营可以免除增值税、企业所得税、印花税，农业生产又有种粮直补、良种补贴和农资综合补贴等财政补助。政策激励在促进合作组织良性发展的同时，也带来了投机的空间和行为。结合现实情况，在我国现有的合作组织异化现象中，尤其应该注意两种现象：

---

① 何流：《合作社的现实之惑》，见 http：//finance. sina. com. cn/review/20090206/14005825745. shtml，2009年2月6日。

② 马东红：《农民专业合作社异化引关注7种常见假合作社被披露》，《中国产经新闻》2010年12月10日。

一是合作社的“空壳化”运作。在完成政府任务、套取政府补贴等多元复杂的动机下，部分农村经济主体利用五名农户即可注册合作社的规定成立了一些由亲朋好友组成的空壳合作社；也有部分合作社甚至在农户毫不知情的情况下将其列为组织成员。这些合作社虽然已经成立，但是只限于挂牌宣示，成立后既没有按合作社的章程进行运作，也没有组织成员开展真正的农业生产经营活动，合而不作，徒有形式，在农业生产中没有真正发挥作用。如在江苏南部有多家葡萄合作社，但这里一些种植葡萄的农民竟被“分身”，一个农户加入了好几家合作社。问及原因，农民说，几个种植和经销大户都找上门来，允诺给予一些好处，他们就加入了。至于大户为什么要求农民“凑数”成为社员，该市工商局的一名工作人员说，这是因为合作社成立后，可以拿到农业管理部门的项目经费和扶持经费，经费从几万元到十几万元不等，而单个的农民是拿不到这笔钱的。“申请项目时，管理部门对社员数量会有要求，因此我们经常遇到合作社负责人前来要求增加社员数量，而现在工商部门对合作社社员的登记要求很低，拿个身份证就行。”①

二是翻牌合作社的运作。一些从事农业产业的加工、经销、物流企业为了套取各级政府对农民专业合作社的优惠政策，纷纷翻牌为农民专业合作社。在很多地方，一个企业挂两块牌子的现象非常普遍：企业本身就是合作社，企业董事长兼任合作社的理事长。农业部农村经济研究中心原主任缪建平估计，这类“翻牌”合作社可能占合作社总数的20%—40%。② 由于这些“翻牌”合作社多由龙头企业兴办，有自己的品牌和生产基地，具有较强的经济实力，往往比真正的农民专业合作社更能获得政府扶持，从而进一步挤占后者的发展空间。

异化的合作组织多是以完成政府组建合作社任务或是套取政府财政补贴为目的，它们“有组织无合作”，无法维护农户利益、结成真正紧密型的“利益共同体”。而截至2011年年底，我国60万家农民专业合作社实有入社农户

---

① 朱新法：《农业合作组织“大户垄断”堪忧》，《新华日报》2012年12月20日。

② 马东红：《农民专业合作社异化引关注7种常见假合作社被披露》，《中国产经新闻》2010年12月10日。

4600多万户，约占农户总数的18.6%，全国八成以上农户还在单打独斗。[①] 这提醒我们在合作组织以后的发展过程中，必须关注其规范化运作和管理，才能真正保障农民的切身利益。

第二节　农村经济合作组织发展问题的原因分析

一、农村经济合作组织发展的体制约束

（一）法律缺位

农村经济合作组织的健康发展，离不开法律制度的支撑和保障。由于农村经济合作组织具有多样性，与其相关的法律规范也比较分散。具体说来，这些法律规范明确了农村经济合作组织的法律地位，使其运作有了基本法律保障，但由于缺乏相关配套法律法规和政策，目前仍未形成一个完整的保障体系。

第一，缺乏规范农村经济合作组织的统一法律规范。当前，我国农村经济合作组织包括农村专业协会、农民专业合作社、股份合作社等不同类型的法律实体，但是现有的法律体系中并没有对不同类型的合作组织进行统一的行为规范。以注册登记为例，农村专业协会作为社团组织，主要是依据《社团登记管理条例》在民政部门进行登记注册，成为社团法人；农民专业合作社的法律规范主要是2007年7月1日正式实施的《农民专业合作社法》，以及后来出台的《农民专业合作社登记管理条例》等，合作社依此在工商部门登记注册为经济法人；而股份合作社则是按照企业法在工商部门登记注册成为企业法人。

由于合作组织成员赖以遵循的法律法规不统一，许多合作组织内部制度不健全，成员的民主与法律意识淡漠，影响合作组织内部发展和外部交往。[②] 多元复杂的管理体制还导致法律和政策的空隙太多、太大，很容易被谋取私利者

① 郭远明、郭强、杨玉华等：《大户不大合作社无合作新型农业经营主体发育不良》，《经济参考报》2013年2月4日。

② 张会恒：《农村合作经济发展30年的基本经验教训》，载《山西财经大学学报》2009年第S2期。

所利用，也很容易损害农民的整体利益和公共利益，这给合作组织的经营资格、活动扩展等方面带来不同程度的障碍。另外，由于没有统一的法律规范，各地在具体贯彻执行时标准不一，形成各地多样各异的具体管理规定。如浙江省的《农民专业合作社条例》作为我国第一部农民专业合作组织法规是在2004年11月通过并实施的。《农民专业合作社法》颁布后，浙江省于2007年9月又修订颁布了《浙江省村经济合作社组织条例》。与此形成反差的是，福建省到现在还没有颁布其农民专业合作社条例。而成都市从2010年12月起，放弃按户籍认定合作社农民成员身份的审查和判断标准，提出凡是从事农业生产的自然人，只要持有农村产权证书及村委出具的土地流转证明材料，均可成为农民专业合作社成员；允许村委会（或者从村委会中剥离出来的集体经济管理组织）作为成员组建或者加入农民专业合作社；农民专业合作社法人作为农民专业合作社成员应不受《农民专业合作社法》关于团体成员数量比例规定的限制，鼓励合作社之间联合经营。① 各地方政府不同的管理规定直接影响到各地农村经济合作组织不同的发展进程。

第二，现有法律规范的模糊和不明确。《农民专业合作社法》的颁布实施标志着我国农民专业合作社进入了依法发展的新阶段。但在具体实践中，《农业专业合作社法》在一定程度上存在对合作社的性质、功能、角色定位模糊的问题；在合作社设立、变更、登记方面存在判断标准、价值取向不清楚的问题；在合作社财务制度建设、会计制度构建、农业合作社治理结构、发展方向以及合作社融资方面都存在不同程度的问题。② 另外，《农民专业合作社法》的某些规定比较空泛，缺乏可操作性，尤其在合作社成员出资的确定性、盈余分配顺序、合作社审计制度等方面的规定存在缺陷，对于成员救济权、合作社联合方面的规定更是接近空白。③ 这将会严重影响农民专业合作社的健康、稳定发展，进而影响农业经济的发展和农村社会的进步。

---

① 江俊：《新措施出台放宽农民专业合作社经营范围》，《成都商报》2010年12月11日。

② 师锋刚：《农民组织不发达的政府性因素分析》，中国改革论坛网，见 http：//www. chinareform. org. cn/Economy/Agriculture/Practice/201211/t20121109_ 154508. htm。

③ 吴声怡、罗萍萍：《农民专业合作社发展的法律保障机制研究》，载《福建论坛》（人文社会科学版）2009年第9期。

举例来说，《农民专业合作社法》第二条规定："农民专业合作社是在农村家庭承包经营基础上，同类农产品的生产经营者或者同类农业生产经营服务的提供者、利用者，自愿联合、民主管理的互助性经济组织。"在这一规定中，农民专业合作应当是同类农产品生产经营者相互之间的合作。但是在"大农业"的环境下，同类"农产品"或同类"农业生产领域"又包含农、林、牧、渔业的大农业生产经营活动和其产出的各类"农产品"。由于法律没有进行明确的产品界定，在实践中各地掌握尺度不一，同样的产业在某些地方可被注册而在另一个地方却被拒之门外，致使法律执行不一致，损害了法律的权威。

在这方面，黔东南州林丽生态农民专业合作社是一个有代表性的示例。2009 年该合作社在筹备时，设想其总水平面积在 20 平方公里以上，主要以太翁村为中心，辐射周围 10 余座村庄。合作社将利用当地溪流峡小地段填坝修建水库，在杂草灌木和荒芜之地建人工草原，种草养畜，选择视野开阔通风处修建微生物发酵床以及"人性化的畜禽栏圈"养殖场。在土质肥沃的地方开辟药材种植基地，在旱地建大棚反季节耕种果蔬基地，将现有粮田耕地整治成田园化基地，在杂林区域建林下养禽，在水库边沿建水上公园、河边公园。在高处建风力发电厂。在有历史遗留的场所恢复历史古迹。在原始森林建林下公园，将原来的村寨公路扩建成宽 8 米的旅游公路，在坡度较平缓的地方建 10 座万亩果园及苗莆基地，在中心地区建旅游中转点和农副产品批发市场、管理中心、娱乐中心、科研中心、教育基地等。在较低洼的地方建污水处理厂和沼气池。在较边远地区建一所动物病死火化场和垃圾处理场。在天然冒水井处建娃娃鱼养殖场。在较边远的荒山建草食性野生动物养殖场。在合作社的建设规划中，其建成后将集农业观光、畜牧业、果蔬种植、养殖业等等 50 多项农业相关项目于一体。[①] 该合作社在 2010 年 6 月办理注册登记，经营范围为种草养畜、林下养鸡、反季节蔬菜、果树、花卉、水产养殖、食用菌栽培，生态农业技术指导和信息服务。但是 2011 年 4 月，因牵涉一起经济案件，黄平县工商

① 《黔东南最大农民专业合作社有望在黄平动工》，见 http：//www.qdn.cn/html/2009/qdnzw1219/6993.shtml，2009 年 12 月 19 日。

局责令其办理变更登记，其中一项原因就是其注册登记的业务范围问题。①

第三，现有法律规定无法回应合作组织的发展需求。这主要表现在农村专业合作社联合社的发展受到很大限制。

对市场经济的深度参与激发了合作组织联合发展的强烈需求，但联合社作为一种新生经济组织，在立法方面仍是一片空白。现有的《农民专业合作社法》第十五条明确规定："农民专业合作社的成员中，农民至少应当占成员总数的百分之八十。成员总数二十人以下的，可以有一个企业事业单位或者社会团体成员；成员总数超过二十人的，企业、事业单位和社会团体成员不得超过成员总数的百分之五。"在这样的规定下，合作社成员中80%以上必须为具有农民身份的自然人。由于农民专业合作社联合社是由有联合需要的各个农民专业合作社法人组成，在成员结构上直接不符合《农民专业合作社法》的规定，而当下又没有专项的法律规定对这一联合体的存在形式予以支持，这就导致了合作社联社面临着法律上的尴尬地位。鉴于此，随着合作社经济的不断发展壮大，其主体联合需求与法律限制间的矛盾愈发尖锐。②

（二）政策支持不够

政府的政策支持在农村经济合作组织的发展过程中发挥着举足轻重的作用。在其他条件不变的情况下，政府的支持力度越大，农户参与农村经济合作组织的概率就会越高；同时还可以减少农村经济合作组织发展的盲目性，降低农村经济合作组织的运作成本。③ 近年来，为了支持农村经济合作组织的发展，我国陆续出台了一些扶持和优惠政策，在登记、财政、税收、金融、用地、运输等不同方面给予了合作组织一些支持政策。但从实际情况看，合作组织依然存在登记门槛高、资金紧缺、贷款难、公共服务缺位、技术供给不足等

---

① 《农民专业合作社注册登记法律规制问题》，见 http：//hphd. qdnhd. gov. cn/mjgs/ShowArticle. asp？ArticleID =537。

② 方云中、王祥：《创新农民专业合作社联合社登记制度》，载《中国工商管理研究》2011 年第 2 期。

③ 肖亮：《农村专业合作组织的作用及发展障碍因素分析——以四川省为例》，载《开发研究》2010 年第 3 期。

问题。[1] 这具体表现为：

第一，政策操作性不强。这主要表现为农村经济合作组织的相关政策难以真正落实。一方面，现有关于合作组织的政策法规往往滞后于合作组织的现实需求和发展实践，另一方面，有些政策文件即使明确了对合作组织的支持条款，但也会在操作中难以落实。举例来说，《农民专业合作社法》第七章扶持政策明确规定了中央和地方政府、国家政策性金融机构等相关部门要出台具体的政策对农民专业合作社进行扶持。但截止到 2009 年 2 月，国家层面出台的规定有：2009 年 2 月中国银监会、农业部联合印发的《关于做好农民专业合作社金融服务工作的意见》，2007 年 6 月农业部公布的《农民专业合作社示范章程》，2007 年 12 月财政部制定的《农民专业合作社财务会计制度（试行）》，以及 2008 年 6 月财政部、国家税务总局下发的关于农民专业合作社有关税收政策的通知，而对于其他优惠政策还没有制定具体实施办法。法律规定有关建设项目，可以委托安排有条件的农民专业合作社实施，由于未制定具体实施办法，也无法落到实处。[2]

第二，财政支持有限。目前，资金问题是我国农村经济合作组织发展中面临的最大问题。虽然现有政策体系不断加强对合作组织的财政支持，但是相对于合作组织发展所需的巨大资金缺口来说仍显不足。这主要是因为我国现有的合作组织财政支持多是通过示范项目进行资金拨付。但是应该看到，我国的合作组织数量非常巨大，平均每一个村就有一个合作组织，因而并非每一个合作组织都能够获得扶持。一般来说，规模化、产业化水平是成为示范项目的重要条件。这样，示范项目只能涵盖到极少数的合作组织，无法解决更多合作组织的财政难题。而且，在现有的农村经济合作组织体系中，能够达到示范标准的合作组织多是由龙头企业等主体领办，农户自发生成的合作组织往往很难在短时间内达到特定的规模和效益，这又在很大程度上促成合作组织发展中的“马太效应”，加剧了缺乏资金支持的合作组织的发展困境。

---

① 楚国良《农民合作经济组织发展的实践与思考》，见 http：//www.ahhzs.com/news/dt/201010/15－16474.html，2010 年 10 月 15 日。

② 吴声怡、罗萍萍：《农民专业合作社发展的法律保障机制研究》，载《福建论坛》（人文社会科学版）2009 年第 9 期。

另外，在国外鼓励合作组织发展的政策激励中，一些补贴只有通过加入合作组织才能拿到。但是在我国，农业补贴大都是直接给农民，不给合作社。种粮大户补贴也是，种粮大户有，但农民专业合作社就没有。农业部、发改委、财政部、科技部、水利部、商务部、林业部等7部门曾联合出台了《关于支持有条件的农民专业合作社承担国家有关涉农项目的政策意见》，明确提出适合合作社承担的国家涉农项目，都要将合作社纳入申报范围。“按规定，国家涉农项目要将合作社纳入申报范围，但实际上这个也很难落实。例如农田综合整治项目、农田水利项目，上面要求的申报主体还是各级政府部门，农民专业合作社不在此列。”①

（三）体制环境不顺

第一，经济体制的限制。在我国现行体制下，与市场经济发展相配套的诸多农业经济制度还没有完全建立起来。土地、资本、劳动力、技术等各类生产要素市场的发育受到各种政策的制约，因而在一定程度上限制了生产要素的自由组合，客观上不利于各类合作组织独立自主地发育成长。②

以我国土地制度为例。按照市场经济的一般规律，市场越发达、越成熟，土地使用权就越重要，土地所有权就相对弱化。但市场经济的发展和农业制度的变迁并没有完全实现农村土地的自由流转。如浙江台州黄岩区农业部门统计显示：2011年，全区农村土地流转期限为1年以下的占土地流转总面积的34.39%，土地流转期限为1—5年的占45.74%；而流转期限在20年以上的则仅占土地流转总面积的1.61%。2012年4月，黄岩区农业部门针对全区90家有相当规模的示范性农民专业合作社开展了一项问卷调查活动，结果显示，60%的农民专业合作社反映土地长期流转比较难。③ 土地不能流转，土地资源得不到有效利用，不利于农业资源的合理利用与整合，在客观上制约了农村经济合作组织与农业产业化的发展。

---

① 娄辰、孙英威、郭远明等：《合作社发展遭遇瓶颈：贷款难空壳社泛滥》，《经济参考报》2013年2月25日。

② 《增强带动力，农民专业合作社还需练“内功”》，见 http://www.farmer.com.cn/zt/2010lh/yw/201003/t20100309_528493.htm。

③ 《土地续租难题严重制约农民专业合作社发展》，见 http://www.jsxf.gov.cn/jjsn_1/nyjj/201207/t20120711_80131.html。

第二，行政体制的限制。从性质上看，农村经济合作组织是农民的自我组织与互助合作，不应该隶属于任何行政部门，而且政府职能部门过多过深的介入具体管理，容易使合作组织失去活力，不利于其自主经营和健康发展。但在我国现实的法律和政策环境下，农村经济合作组织从一开始就与各级政府部门衍生出十分复杂的关系：合作组织主动寻求政府的支持，依托于各种部门甚至直接由政府来组织建立，以此来保证组织的正常运行；而政府相关部门也直接参与合作组织的组建甚至直接介入其管理，从而在一定程度上改变了合作组织的组织特性，使得一些合作组织实际成为政府部门的附属物，甚至成为这些部门有效行使其职责的组织手段。在这样的现实条件下，合作组织在很大程度上受到了来自于各级政府及相关部门的控制，合作组织很难真正发展成为农民自己的组织。

第三，管理主体混乱。现有的政治体系中，多个部门与农村经济合作组织的发展存在联系。以市县范围为例，既有农业局、财政局、工商局等行政部门，又有科协、农机站、气象局等事业单位，还有供销社、信用社、共青团等其他组织。虽然当下中国农村经济合作组织的发展是一种开放性的格局，服务需求往往是综合性的，但这种部门化、专业化的多主体供给格局在促进服务专业化的同时，也带来了多头管理体制下缺乏沟通和协调的矛盾。另外，以上部门虽然都在以各自方式支持合作组织的发展，但由于其资源实力和服务绩效不同，服务方式也呈现出多元化和差别化特点，这势必会增加合作组织寻求服务的成本和衔接各项服务的难度。再者，这种政府条块分割体制下的惯性运作，会使得行使国家权力的不同部门之间经常性地出现利益博弈。如果多部门竞争一项服务需求，且缺乏优胜劣汰的竞争机制，必然会造成对合作组织财政扶持资金的过量需求以及专业化发展动力不足的问题。① 这对农村经济合作组织的发展形成极大挑战，需要根据管理政策上的弹性来进行积极回应和修正。

二、农村经济合作组织发展的思想文化和经济发展约束

（一）农民合作意识淡薄，民主权利意识欠缺

马克思曾用“一麻袋土豆”来描述农民高度分散的原子化状态。在我国，

① 仝志辉：《我国农村社会化服务体系的“部门化”及其改革》，载《理论视野》2007 年第 8 期。

几千年的封建专制传统使得农民被长期排斥在国家政治生活之外。而传统小农自给自足的生产方式使农民缺乏集体生活习惯和组织能力[①]，阻碍了农民的相互交往和联合协作。新中国成立特别是改革开放以来，市场经济的推进和村民自治的实践与发展已经深刻地改造了乡村社会的传统结构，但传统作为一种巨大的历史惰性力仍在发挥着作用。特别是计划经济体制的影响和政府在社会管理中的权威地位在很大程度上减少了农民权利意识养成的机会；家庭联产承包责任制以后，农村经济主要是以家庭为生产单位，而市场经济的利益竞争也冲击着农村地区传统的守望相助价值观，农村地区呈现出社会关系疏离、联合协作意向不积极的状态。合作意识的淡薄和民主权利意识的欠缺使得农民缺乏集体行动的能力，无力扭转市场经济发展中的弱势地位并有效维护其最大化利益。

（二）地方政府思想认识的错位

新农村建设的开展和2007年《农民专业合作社法》的实施促成了合作组织快速发展的社会背景。各地方政府也开始把农村经济合作组织作为提高农民市场组织化程度、增强农业竞争力、提高农民收入的有效途径，进而采取各种政策措施支持和倡导合作组织的发展。但是应该看到，我国仍有相当一部分政府部门和领导干部对农村经济合作组织的重要性认识不清。这主要表现在：

一是对农村经济合作组织的界定把握不准，把经济合作组织等同于集体经济组织。很多人受以前的“合作化”运动影响，对合作社概念严重扭曲，对经济合作组织的性质存在误解，对合作组织的健康发展产生了极为不利的影响。

二是对农村经济合作组织的发展有所顾忌。有些地方的合作组织发展迅速，在拥有较强的市场竞争力的同时，也开始在社会和政治领域发挥越来越重要的作用。在这样的情况下，有些政府部门担心合作组织的发展壮大会形成政府无法控制的政治力量，动摇其在乡村治理中的行政管理权威和领导地位，成为政府的“对立面”，从而在一定程度上更多强调合作组织的自发发展而不进行有效地规范引导和支持培育。

① 《梁漱溟全集》（第一卷），山东人民出版社2005年版，第629页。

三是对农村经济合作组织的发展抱持消极应对心理。很多地方都有发展合作组织的实际需求，但是由于对合作组织的重要性认识不足，有些政府部门往往通过分解任务、层层下达的方式进行落实，合作组织的发展成为硬性的指标任务。在这样的情况下，合作组织的成立仅仅是政府命令的结果，而不是农民自我联合的互助合作。由于合作组织被列入绩效考核的指标体系，有些地方还会出现合作组织的统计造假和虚假繁荣。据东部某省农业厅经管总站工作人员介绍，这些年合作社数量增加很快，该省每年要新增 1.3 万家左右，但其中 1/3 都没有发挥作用，根本没有开展任何合作，是“假合作社”，徒有虚名。①这都在很大程度上阻碍了合作组织的健康发展。

四是对农村经济合作组织发展的主导权之争。目前，大量的政府部门和相关机构涉入农村经济合作组织的发展规范领域。农业局、供销社、村集体等众多部门机构围绕对合作组织发展的“主导权”进行了激烈较量和争夺，争相发展由自己主导的组织。在这种情况下，从合作组织的发展表面上看轰轰烈烈、异军突起，但其内在发展和治理机制却存在很大隐患。很多地方的合作组织虽然统计数字非常多，但能够真正发挥实际作用的合作组织却很少。同时，由于政府部门或相关机构的强力介入和控制，有些合作组织缺少自我治理机制，或者出现合作组织的异变，缺少实质内容。

（三）合作研究与教育相对滞后

从欧美发达国家的情况看，合作组织的教育是其良性发展的重要保证。一般来说，合作社经营管理人员需要接受专门的教育和培训，包括合作社制度、合作社管理、合作社经营，甚至市场营销等专门知识和技巧。这些教育和培训使合作社经营管理人员具备了专业的管理知识、丰富的营销经验和较强的驾驭市场的能力，充分保证了合作社的良性发展。②

但反观我国，合作研究与教育相对滞后，难以满足农民对合作理论的要求。这主要表现在：一是合作研究起步晚，难度大。受制度的影响，新中国成

---

① 娄辰、孙英威、郭远明等：《合作社发展遭遇瓶颈：贷款难空壳社泛滥》，《经济参考报》2013 年 2 月 25 日。

② 郑丹：《国外合作社教育经验及其对我国的启示》，载《世界农业》2009 年第 8 期。

立以后我国的合作组织理论研究与实践是以马克思主义合作理论为主来进行的，而对于西方合作理论的系统研究则比较缺乏。改革开放以来才开始更多关注现代合作理论，并引进、借鉴国外合作组织的有效经验。综合学者们的研究，当下我国已在农村经济合作组织发展的必要性与总体思路、质性规定和制度边界、制度变迁与成长机理、制度安排与运行机制、制度环境与制约因素、绩效评价与现实问题、国外经验借鉴与比较研究等方面取得了比较可观的成果。但是另一方面，由于中国经济合作组织尚处于发展的初级阶段，虽然上述研究成果已经具有一定的理论价值和应用价值，但就总体而言还存在着明显的缺陷和不足，譬如：相对缺少对其制度安排、制度绩效等问题的深入探讨；相对缺少对国外合作社运动在新形势下所处的困境及其应对的认真讨论及前瞻性借鉴；在对中国农民合作社发展状况的研究与调查上，往往存在抽样随意，缺乏科学性等问题，在案例分析方面，往往就案例谈案例，缺乏理论提炼，相对缺乏理论层面的深入分析和前瞻性的趋势分析，分析方法和工具相对简单化等等。[①] 另外，由于研究视角分散，方法不一，我国目前尚未形成符合中国实际的合作经济理论体系。

二是合作教育缺位。目前我国还没有设立充裕的专项资金用以广泛开展合作社教育，也没有形成覆盖学历教育、职业教育和培训、农村基础教育等多层次的合作社教育体系。高校中第一个专门培养合作社高级人才的专业教学单位是于2008 年 3 月份在青岛农业大学揭牌成立的合作社学院。但从全国范围看，合作社专业设置、教学内容、合作社教材、师资等许多方面都处于断层阶段。另外，虽然我国现在开始针对合作组织进行相关的培训，但合作教育没有在农村大范围的展开。农民受教育程度较低，互助合作精神和市场参与能力较差，如果舆论导向、培训引导等跟不上其需要，就会导致他们对合作组织的性质、作用、民主管理制度等知识缺乏准确了解，从而制约了合作组织的发展。我国很多地方经济发展水平和条件相近，但合作组织发育水平却相差悬殊，地区发展很不平衡，这种现状在很大程度上是与合作意识的普及相关的。

---

① 徐旭初：《农民专业合作社发展辨析：一个基于国内文献的讨论》，载《中国农村观察》2012 年第 5 期。

（四）农村经济发展方面的障碍因素

农村经济合作组织的产生与发展，是市场经济发展到一定阶段的必然结果，与农产品的市场化程度、农户经营规模等联系紧密。但是就我国的实际情况来看，农业生产经营规模小，农产品商品率低，使得农民自我组织、合作互助的动力明显不足，缺乏合作的内在需求。另外，农村社会化服务还比较落后，相关涉农部门和机构还无法与合作组织进行有效的服务对接和资源整合。特别是在现有的网络化社会，农村信息服务手段较为落后，经济合作组织还不能广泛地借助先进的网络技术进行信息收集、反馈和传递，这在很大程度上影响了合作组织对农产品市场中的需求判断，阻碍了合作组织的资源优化和规模扩展。

三、农村经济合作组织发展的内在障碍分析

农村经济合作组织是一个复杂的组织系统，一般要包括组织目标、规章制度、组织成员、权威性（合法化）和物质条件（资金、设备和活动场所等）五个基本的一级系统要素。[①] 本部分内容将结合这些要素，对阻碍合作组织发展的原因进行相关分析。

（一）资金约束

在影响农村经济合作组织发展的因素中，资本筹措渠道狭窄、资金短缺是制约合作组织发展的重要瓶颈。郑丹等人的调查显示，93.4%接受调查的农民专业合作社在发展中面临资金缺乏的问题；从合作社的资金需求量来看，所需资金最少的为1万元，最多的需要1200万元，平均资金需求量为157万元。[②] 2013年《中国农机化报》在对“全国20佳农机合作社理事长”的调查问卷中，对于“合作社发展目前面临的最大难题是什么?”的回答，20位农机合作社理事长中有16位都提到了资金问题，占比达80%。[③] 为农村经济合作组织构建起资金链条是从实际上推动其发展的根本，也是必须解决的关键和瓶颈。

---

① 韩喜平、李恩：《农民专业合作社管理协同研究》，载《学习与探索》2011年第6期。

② 郑丹、大岛一二：《农民专业合作社资金匮乏现状、原因及对策》，载《农村经济》2011年第4期。

③ 杨雪、何苗：《压力山大谁解合作社资金之困?》，《中国农机化导报》2013年1月22日。

现在，多数合作组织通过实施产业化和规模化经营来促成农业经济的持续发展，这就需要大量的资金投入和支持。但是多方原因的限制，形成了合作组织发展过程中资金需求和供给的极大缺口。具体说来，合作组织资金约束的主要在以下原因：

一是合作组织成员自身投入不足。依据我国《农民专业合作社法》的规定，农民至少应该占到合作社中成员的80%。但是由于农民整体经济水平不足，收入较低，直接影响到其出资额度。调查显示，合作社整体出资额最少的只有0.7万元，最多的达518万元，平均出资额为60.44万元。其中，有32.8%的合作社出资额不足10万元；而出资额超过100万元的，仅占16.4%。合作社人均出资额平均为4.29万元，最少的仅几十元。[①]

二是政府财政支持的政策力度不够。合作组织发展的重要目的就是要破解分散农户参与市场所遇到的资金、技术、服务等难题，但是现有的政策规定并没有积极促成资金互助合作组织的发展。比如《农民专业合作社法》第二条规定合作社应“提供农业生产资料的购买，农产品的销售、加工、运输、贮藏以及与农业生产经营有关的技术、信息等服务”，其中就没有明确提到金融服务。虽然有人理解这个“等”字中包含金融服务，但合作社融资的合法性问题一直模糊不清。另外，2007年1月22日银监会印发的《农村资金互助社管理暂行规定》给久旱盼甘露的农民专业合作社和农民带来了希望，但规定中第九条要求，农村资金互助社设需有符合规定要求的注册资本，即“在乡镇设立的，不低于30万元人民币；在行政村设立的，不低于10万元人民币，应为实缴资本。”其第三十七条又规定：“农村资金互助社理事、经理任职资格需经属地银行业监督管理机构核准。农村资金互助社理事长、经理应具备高中或中专及以上学历，上岗前应通过相应的从业资格考试。”这些要求在很大程度上增加了资金互助社的设立门槛，与小农资金互助理念相冲突，会将更多的资金互助合作组织排斥在现有的制度框架之外。

三是合作组织贷款较难。在当下金融业全面改革的大背景下，银行业对合

① 郑丹、大岛一二：《农民专业合作社资金匮乏现状、原因及对策》，载《农村经济》2011年第4期。

作组织的贷款十分谨慎。而合作组织内部财务管理制度不健全、信息透明度差，金融机构难以对其进行详细的了解和风险评估。另外，工商部门在合作社登记注册时，既不进行任何验资提示，又不需要出具验资报告的宽松管理也在很大程度上加剧了资金缺乏的局面。国务院发展研究中心副主任韩俊曾提到，合作社现在总注册资金五六千亿，平均每家都是100万元，基本上里面90%的是水分，“现在上面统计的合作社成员出资总额几千亿元，那其实就是个神仙数字，根本靠不住。现在成立合作社太简单了，只要有拿着5个户口本就能到工商部门注册成立，至于出资额度，自己说多少就是多少，说100万也行，说一个亿也行，水分很大”①。

（二）人才约束

农村经济合作组织要在激烈的市场竞争中求得生存和发展，必须拥有相关的管理、技术和营销人才。完善合理的人才结构和机制不仅能够使合作组织具备丰富的专业经验与技术，保障其有效经营与管理，而且能使其以合作和奉献的人格力量来引导、团结和凝聚组织成员。一般来说，合作组织人才素质的高低关系到合作组织的未来发展层次，其领办人能力更是在一定程度上决定着合作组织的发展方向。

调查显示，有55.2%的调查农民认为“没有好的带头人”、48.5%认为“农民不知道该如何组织”、47.9%认为“人心不齐，难以组织起来”是目前发展农村经济合作组织面临的主要困难。② 调查结果表明，人才短缺是目前制约合作组织健康、规范、稳定、长远发展的主要因素。这是因为：第一，在目前的行政体系以及固有的意识形态约束下，农村能人大多会通过各种渠道融入到现有的各级行政链条和城市社会中③；加之随市场经济的发展而带来的人才的自由流动和利益分化，很多农村人才不再固守农村，这也加剧了合作组织发

① 娄辰、孙英威、郭远明等：《合作社发展遭遇瓶颈：贷款难空壳社泛滥》，《经济参考报》2013年2月25日。

② 张会恒：《农村合作经济发展30年的基本经验教训》，载《山西财经大学学报》2009年第S2期。

③ 张会恒：《农村合作经济发展30年的基本经验教训》，载《山西财经大学学报》2009年第S2期。

展中的人才流失。第二，农村现有的经济能人因存在农民合作意识薄弱、村集体对合作组织的限制等各种制约，未必愿意担任合作组织的领办人。在这样的情况下，很多农村经济合作组织中的带头人往往综合素质不高，适应市场经济的意识和能力不强，从而导致对政府及政府部门的依赖性增强，制约了农村经济合作组织的创新和发展。

（三）合作组织的治理机制不规范

第一，组织结构松散。从组织理论的角度分析，在一个组织系统内部，当制度要素居于主导地位时，组织的内部结构稳定性强，是一个强势组织；当人在组织中起着主导作用时，组织的结构比较松散，系统的稳定性弱，是一个弱势组织。①

农村经济合作组织的结构松散首先表现为“有组织无合作”。完善的内部管理机制和利益联结机制是合作组织健康发展的基础。然而当前一些合作组织设立的目的是为了利用国家优惠政策，套取国家补助资金，进而组织当地农民凑人数设立合作组织。这种合作组织只具法律形式，成立后并没有按章程进行运作，更没有以组织的名义开展农业生产经营活动，合而不作，无法真正发挥其作用。在辽宁，由于农民入社初衷仅为争取优惠政策和项目支持等利益，合作社大多是通过签订购销合同建立利益关系，这使得辽宁省有85%的专业合作社为“松散式”的农民联合组织。②

其次，农村经济合作组织的结构松散还表现在合作组织是一个建立在以农民弱势群体为主体、农业弱质性产业为依托的弱势组织。农业在生产中的弱质性、市场竞争中的季节性、反应滞后性和被动性等特点决定了合作组织的基础是脆弱的。③ 加上我国多数合作组织尚处于初级阶段，重盈利轻服务、重分配轻积累，与成员只是进行简单合作。这种方式并没有解决把农民组织起来进入市场的问题，农民与农产品营销实体间没有形成稳定的利益联结机制。

再次，合作组织中农民“入社自愿、退社自由”的原则虽然保障了农民

---

① 韩喜平、李恩：《农民专业合作社管理协同研究》，载《学习与探索》2011年第6期。
② 郑海燕：《农民专业合作社资金缺口大融资依然难》，《农民日报》2010年5月21日。
③ 韩喜平、李恩：《农民专业合作社管理协同研究》，载《学习与探索》2011年第6期。

的自由选择权，但是在很大程度上也导致了合作组织的结构松散和利益联系不紧密，不能保障合作组织的稳定持续发展。而且，我国农村经济合作组织发展形式多样，各地管理规范差异较大，合作组织的发展还没有形成统一、固定的模式，加上农民自身的社会意识、文化程度存在差异，合作组织很难形成合理的制度规范。

第二，民主管理制度不足。合作组织的民主管理包括其成员充分的知情权、有效的参与权、平等的投票权，以及对决策过程的最终控制权。这既是合作经济的基本原则，又是保证公平和最大限度地维护组织成员利益分配的基本出发点。但是通过考察我国经济合作组织的成长环境可以发现，合作组织的民主管理制度多为形式化运作，并面临不同程度的异化。如在江西省余干县，有相当一部分经济合作组织内部管理机构不健全，大约有 85% 的合作组织没有设立理事会、监事会等机构，重大事项未经民主表决就草率决定，造成民营民管的基础不牢；一些合作组织约束机制不健全，有近 92% 的合作组织没有建立完善的财务管理制度和收益分配制度。①

造成这种情况的原因包括：一是很多合作组织是为套取国家补贴和优惠而设立，组织动机严重扭曲，民主管理更是无从谈起。二是很多合作组织中，往往是核心成员、骨干成员承担了合作组织的经营风险。如东部某省的一家地瓜种植合作社从 2010 年的 2600 多户发展到后来的 5000 多户，横跨 5 个村庄，但合作社核心成员仅有 8 人，这 8 人风险共担，但和其余 5000 多户农户则采取“保底价”的方式合作。② 在这种情况下，合作组织的控制权也自然地向他们倾斜，导致最终决策权往往集中在少数人手里。合作组织的发起人往往既是决策者又是监督者，一人控制合作组织，普通成员的参与度低，导致合作组织缺乏凝聚力，而专事监督职能的监事会则成为摆设，甚至有的根本就不设置，单个农户民主管理的权利也因此往往被剥夺，民主管理成为一句空话。这一问题直接影响到合作组织的可持续发展，可能会导致个别合作组织蜕变为私人企

① 娄辰、孙英威、郭远明等：《合作社发展遭遇瓶颈：贷款难空壳社泛滥》，《经济参考报》2013 年 2 月 25 日。

② 娄辰、孙英威、郭远明等：《合作社发展遭遇瓶颈：贷款难空壳社泛滥》，《经济参考报》2013 年 2 月 25 日。

业或解体的现象。[①] 三是合作组织普通成员的主体参与意识弱。很多农民加入合作组织强调的是“合作社给我什么好处”，而不是“要用自己的手解决自己的问题”，结果是导致小农成员在放弃剩余索取权利的同时，也放弃了控制权。并且，小农普遍存在受教育程度低，知识水平和掌握信息量有限的问题，进而直接限制了他们的决策能力。[②] 如江苏南部某市的一家茶叶合作社号称有1000多名社员，理事长原本是茶叶种植和经销大户。合作社成立后，社员采摘的鲜叶都交给合作社统一加工，而茶叶加工企业以及茶叶品牌为理事长个人所有。一位王姓社员说，鲜叶收购价格的确比往年高了一点，社员有所增收，但是，普通社员并不了解合作社的财务情况，不清楚合作社究竟赚了多少钱。合作社的年终分红是象征性的，每户多的不过上千元，少的只有几百元。“理事长本人这几年肯定赚多了，豪车就有好几辆，还修了一个庄园。”[③]

---

① 肖亮：《农村专业合作组织的作用及发展障碍因素分析——以四川省为例》，载《开发研究》2010年第3期。

② 苑鹏：《合作社民主管理制度的意义和面临的挑战》，载《中国合作社》2010年第6期。

③ 朱新法：《农业合作组织“大户垄断”堪忧》，《新华日报》2012年12月20日。

第七章 CHAPTER 7

国外农村经济合作组织的经验考察

◇ 国外农村经济合作组织发展概述

◇ 国外农村经济合作组织发展模式考察

◇ 国外农村经济合作组织发展的主要经验借鉴和启示

第一节　国外农村经济合作组织发展概述

一、国外农村经济合作组织的历史发展

农村经济合作组织起源于19世纪初期的欧洲。早在1805年，丹麦农民就建立了第一个地方农民联盟，至今已有200多年的历史。但一般认为，世界上第一个真正意义上的合作社是在1844年在英国建立的“罗虚代尔先锋社”。1895年世界上第一个非官方的合作经济国际组织国际合作社联盟成立，并提出把“罗虚代尔先锋社”所坚持的合作原则命名为“罗虚代尔原则”，这个原则以后成为各国合作社原则的范本。农村经济合作组织的产生和发展与人类社会从传统的农业向资本主义工业过渡的历程是同步的。随着人类社会进入资本主义时代，市场经济以不可阻挡的趋势席卷世界的每一个角落，农村和农民也不例外。如何适应工业文明时代社会化大生产所要求的专业化和集约化，提高劳动生产率，增强抵御市场竞争风险的能力是农民面临的重要任务。农业生产的长周期、低效益、受自然环境制约的特点决定了单个农民抵御市场风险的能力很低。他们只有联合起来利用集体的力量才能抵抗垄断资本的控制和剥削，维护自己的利益，所以建立各种各样的合作组织就成为他们的现实选择。因此，在资本主义工业快速发展的西欧和美国，先后建立了大量的农村经济合作组织，后来又扩展到其他资本主义国家。这些合作组织种类繁多：有的是关于某种农产品的专业生产合作组织，如1882年丹麦农民成立的奶业合作社、1906年加拿大农民的谷物种植者谷物公司等；有的是为农村提供他们最为缺少的科技服务的，如法国农民建立的农业科技服务合作组织、美国的农村电力合作组织等；也有一些专门向农民提供保险和信贷服务的金融合作组织，如在20世纪30年代，加拿大的萨斯喀彻温省就建立了340多个信用合作团体为他们的成员提供金融服务。此外，也有一些专门为成员提供消费、法律、卫生、

娱乐等生活服务的合作组织。

第二次世界大战之后，随着西方发达国家的社会化大生产程度变得更高，社会对农业生产也提出了更大的挑战。这些国家的农村经济合作组织在激烈的市场竞争中也日趋成熟并发展壮大，逐步渗透到农业和农村的各个领域，形成了一个十分庞大而又复杂的体系，成为这些国家实现农业现代化、进行国际市场竞争的重要工具，直接推动了这些国家和地区农业和农村社会现代化的进程。国外农村经济合作组织分布广泛，类型众多。目前，农村经济合作组织遍布160个国家和地区，成员7.8亿户。[①] 在农业、工业、流通、金融、保险、医疗、交通、能源、运输、科技、文化、教育等各个领域广泛发展。人们从衣食住行到生老病死，从生产到消费，都有相应的合作组织提供周到的服务。合作组织兴办的批发市场、配送中心、零售商店、旅馆、饭店等在国外很多大城市都可以看到。

二、国外农村经济合作组织的特点

由于各国的具体国情存在差异，农业发展模式也有很大区别，因此其所建立的农村经济合作组织也各式各样，但也呈现出一些共同的发展特点。

（一）农村经济合作组织的数量多、覆盖面广

农村经济合作组织可以说几乎遍及全球每一个国家和地区，并且数目巨大。据美国农业部的最新统计，到2006年，美国农民合作社的数量达到了2893家，社员总数高达260多万，超过了美国家庭农场的总数，一个农场主往往加入到多个合作社中。每6个农场主中就有5个参加了购销合作社，每个参加合作社的农场主平均参加2—3个购销合作社。[②] 在加拿大，仅萨斯喀彻温省的农业合作社就有1300多个，全省100万人口，大都加入了不同类型的合作社。在经济发达的欧洲，特别是农业十分发达的西欧和北欧，农村经济合作组织的数量更多。法国现有3800家农业合作企业，90%的农民都参加了合

① 胡宗山、付强：《国外合作社：历史、经验与借鉴》，载《社会主义研究》2006年第5期。

② 国家农发办赴美考察团：《美国农业合作社发展状况》，载《中国农业综合开发》2008年第6期。

作社。德国全国有各种农村经济合作组织 4700 多个，荷兰有各种农民股份合作组织 2000 多个，其中属于全国性的合作组织就有 25 个，荷兰的大部分农民至少同时参加 3—4 个合作社。丹麦常常被人们认为是世界上人均加入合作组织最多的国家，几乎每一个丹麦人都加入了至少一个合作组织或者协会。[①] 日本现在有农协近 6000 个，90% 的农户是农协的会员。印度的农村经济合作组织遍布全国，现有成员大约 2. 3 亿。[②] 国外农村合作社的类型多种多样，主要包括农牧业生产合作社、消费合作社、教育合作社、卫生合作社等十多种类型。农村经济合作组织经营范围也十分广泛，几乎涵盖了农村、农民和农业的生产、销售、生活、公共物品供应等各个方面。

（二）农村经济合作组织成为农业发展的主力军

在美国，合作社总资产已达到 470 亿美元，销售总额超过 1200 亿美元，合作社吸纳雇员达到了 18 万人。合作社产品的市场份额达到了 28%，其中奶制品市场份额 80%，农业投入供给品的市场份额为 26%，其中，化肥、石油分别超过了 45%。农村合作社加工的农产品占农产品总量的 80%，合作社提供的化肥、石油占 44%，美国的合作社为其成员提供了 55% 的生产资料，协助其销售 60% 的产品，合作社还控制了全美谷物销售总量的 60%，并提供了占出口总量 40% 的谷物，直接经过合作社出口的谷物占总出口量的 8%。在德国，农业经济合作组织生产销售的谷物总量占全国总额的一半以上，牛奶制品占 70%，牛肉占 30%。瑞典合作社的市场占有率分别为：奶业 99%，牛肉（屠宰）79%，猪肉 81%，粮食销售 70%，混合饲料 80%，原材料 80%，林业 50%。丹麦农业合作社的产品在市场上占有绝对的统治地位，其中毛皮、猪肉、黄油、牛奶等产品的市场占有率超过 90%，水果、蔬菜、鸡蛋的市场占有率超过 60%。[③] 作为西欧农业大国的法国其 50% 的加工农产品出自农业合作社。日本全国 90% 以上的牛奶、大米、小麦，50% 以上的农业机械、生产

① 胡宗山、付强：《国外农村合作社：历史、经验与借鉴》，载《社会主义研究》2006 年第 4 期。
② 郭丹：《印度的农业合作社》，载《中国合作经济评论》2011 年第 3 期。
③ 潘劲：《国外农村合作社的发展》，载《中国供销合作经济》2000 年第 4 期。

用石油、蔬菜，近70%的农药和薄膜的购买和销售是由农协实现的。[①] 在印度，农村合作社控制了大约全国60%的糖和棉花的生产和销售。[②]

（三）严密的组织体系和民主、平等的运行原则

国外的农村经济合作组织最初是成员为了共同利益而不是以营利为目的成立的。因此，入社自愿、退社自由是它成立的基本原则。一人一票、民主管理是它的基本运行机制，也是合作组织得以健康运行的前提。基于这些原则，农村经济合作组织在成立时就建立了严密的组织机构，制定了严格的规章制度，特别是它的组织决策制度、利益分配制度和金融财务监督制度。大多数农村经济合作组织实行一人一票制。随着合作组织规模的扩大和满足其吸收外部资金的需要，部分合作组织增加了一些加权票，但也将其严格限制在较低的比例。德国建立了严格的财务审计制度，农村经济合作组织成立前须经当地合作社审计协会审计通过，成立后必须加入所在地区的合作社审计协会，并接受定期审计。

（四）政府积极推动，法律制度完善

为了应对市场经济对传统农业产生的巨大冲击，绝大多数国家和地区都采取各种措施积极推动农村经济合作组织的产生和发展，并在发展过程中不断完善各种法律制度。无论是在自由市场经济条件下发展壮大的欧美国家农村经济合作组织，还是在政府控制下积极成长的亚洲农村经济合作组织，他们的发展都离不开政府的支持：第一，政府为推动农村经济合作组织的发展提供法律保障，不断制定和完善法律制度。美国为促进农村经济合作组织的发展，在1922年通过了著名的《卡帕—沃尔斯坦德法》，解除了反垄断法对合作组织的限制，为它的发展壮大提供了法律保障。在加拿大，联邦和各省都制定了专门的法律以保护农民合作社的发展。瑞典和德国分别于1895年、1899年就制定了专门农业合作的法律。日本在1947年制定了《农业协同组合法》，后来为适应农协发展的新情况，先后修改了20多次。第二，给予农村经济合作组织

① 苑鹏：《农民专业合作经济组织：农业企业化的有效载体》，载《农村合作经济经营管理》2003年第5期。

② 郭丹：《印度的农业合作社》，载《中国合作经济评论》2011年第3期。

积极的财税支持。美国农村经济合作组织的税负是一般工商企业的1/3，此外它们还享受低利率的贷款优惠政策。在德国，农村经济合作组织不仅可以享受免除部分所得税和法人税的政策，而且新成立的合作组织还能获得5年的创业补贴。在日本，农协享受比普通企业更低的税率政策，新建农产品加工项目最高能获得50%的政府补贴，政府还通过农协发放长期低息贷款。第三，加强对农村经济合作组织的教育、培训和研究。美国联邦政府有专门机构负责编写各种教程和资料并发给合作组织成员，同时联合学校等对合作组织的管理人员进行培训。丹麦有由政府主办的完整的初中、高级农业教育体系为合作组织培养专门的人才。意大利政府也无偿向农村经济合作组织提供人员培训和一定的科学技术支持。

第二节　国外农村经济合作组织发展模式考察

各国的农村经济合作组织虽然有很多的共性，但在长期的发展过程中，由于国情和农业发展道路各不相同，因此也形成了农村经济合作组织的不同发展模式。根据它们各自的不同特点，基本上可以将其归结为两种模式：一是在自由市场经济条件下形成的以专业合作组织为主体的欧美模式，以美国、德国、荷兰、法国为代表。二是在国家资本主义条件下形成的以综合性合作组织为主体的东亚模式，以日本、韩国为代表。

一、欧美国家的专业合作组织发展模式

欧美国家是世界上最早实现工业化的地区，农业生产的规模化、集约化和市场化程度高，大、中农场主和农业资本家是生产的主体。在自由竞争的市场力量推动下，他们自愿联合起来，共同抵御市场带来的风险，以解决政府和市场失灵问题。这些国家的农村经济合作组织以专业化生产和为农村提供专业的社会化服务为主，其特点主要表现在以下方面：

（一）专业性强

欧美国家大多是根据某一产品或某一项农业功能或任务成立一种合作组织，如牛奶生产合作社、谷物生产合作社，或者如农业机械合作社、销售合作

社、建筑合作社等，这非常适应现代生产、服务的专业化和社会分工越来越细的现实状况。在美国，农村经济合作组织的专业化程度非常高，一般一个合作组织只围绕一种农产品来开展生产和销售活动，或者只为成员提供一种专业化的服务。美国农业合作社的类型有销售合作社、农业生产服务合作社、供应合作社等。从小麦、玉米、棉花，到草莓、苹果等农产品，都有专门的行业合作组织。从建筑房屋、电力供应，到金融信贷、农业保险等社会服务，也有专门的机构为成员提供服务。在德国，除了为数不多的商品供销合作社之外，基层合作社基本上都是专业性的，一个基层社通常就是一个生产单一农产品的企业。在农业十分发达的荷兰，几乎没有生产经营小而全的农场，农场一般只生产单一农产品，由生产同样农产品的农场自愿联合组成为农村提供专业化服务的合作社，合作社内部分工明确，使农产品从生产到销售的过程就像工厂流水线一样准确、高效，大大提高了生产效率。

（二）合作组织规模大，经济实力雄厚

欧美国家农村经济合作组织的成员以农场主和农业资本家为主，他们大都经营着大量的土地，其组成的合作组织规模都比较大，经济实力也很强。到2006年，美国合作社总资产达到470亿美元，销售总额超过1200亿美元，合作社吸纳雇员达到了18万人。西班牙蒙德拉贡合作集团是世界合作社运动史上最值得骄傲的成功案例，目前是欧洲乃至世界最大的合作社集团之一。2008年资产总额335亿欧元，年营业收入达到178亿欧元，社员以及员工92773人，下辖100多家合作社，包括培训合作社和研发中心，并有蒙德拉贡大学，是巴斯克地区最大的企业，也是西班牙的第七大企业。就成员数（约1600万美元）和客户数（约3000万美元）而言，德国的莱弗森合作银行和1255家合作银行构成德国合作社运动中规模最大的银行集团，它们已经形成了一个具有13765家分支机构的银行网络，它们向成员，同样也向一般客户提供高水平、全方位的银行服务。[①] 自20世纪60年代以来，法国大型农业合作企业集团不断形成，农业合作社的集中程度越来越高。1999年，不到10%的合作社企业实现了农业合作社营业额的2/3，农业合作社控制了粮油类收购营业额的

① 徐旭初：《德国农业合作社专题考察报告》，见 http：//znzg. xytc. edu. cn/Html/？10725_ 2. html。

74%，向农场主销售肥料总额的62%，餐用葡萄酒酿造营业额的52%，以产地取名的葡萄酒酿造营业额的75%，鲜奶收购营业额的47%，牛奶、奶酪生产营业额的28%，猪肉生产营业额的89%，羊肉生产营业额的49%，新鲜蔬菜和水果营业额的35%等。①

（三）合作组织与政府的关系不紧密，有很强的独立性

欧美国家由于历史文化的影响，大都传承自由竞争的市场经济原则，政府尽量不直接干预市场主体的经济活动，而是为市场的健康运行提供良好的外部环境。政府对农民组建经济合作组织一般不加以限制，只有在这些组织违反法律规定时，才依法处理；有些政府每年从财政经费中拨出一定数额来支持合作组织的活动；政府对合作组织的活动提供法律保护；各国政府大都提供减免税收的优惠政策。美国政府在最初对农民合作组织持反对态度，后来表示中立，不鼓励但也不反对。在遭受一场农业危机后，美国政府才采取了相对积极的方式，参与和支持农村合作组织的发展。德国的合作社与政府并没有直接的行政关系，也不依赖于政府，表现出较强的独立性，政府主要通过立法和提供一些优惠政策，来保障合作社的合法权益，促进合作社的健康发展。在丹麦，对农村合作组织的管理既没有专门的法律又没有专门的政府机构，农民主要根据宪法规定的契约自由原则成立经济合作组织。在这些国家，农村经济合作组织只是连接农民与市场和政府的纽带和中间组织，往往成为政府执行某项政策或达致某一目标的间接工具。

案例：瑞典农民的合作组织——“农家人”合作社②

在瑞典，只要开车离开首都，不出10公里，农村社会的景象就会展现在人们面前：一座小教堂，几间涂着传统红色的小木屋，村子外的田野上歇闲的拖拉机。以前，教堂是凝聚瑞典农村社会的核心。如今，各种由农民自己组成的合作社则成为瑞典农民表达他们经济和政治意愿的代言人。瑞典的农民合作

① 方凯、刘洁：《农业合作社发展的国际经验及对我国的启示》，载《广东农业科学》2009年第8期。

② 马世骏：《国外经验对我国新农村建设的启示：瑞典农民的合作组织——“农家人”合作社》，载《小康生活》2006年第4期。

社是农民在自愿基础上建立的经营性合作组织，其中规模最大的合作组织叫“瑞典农民产品销售合作社”，瑞典称之为“农家人”合作社。合作社的标志是一颗正在发芽的麦粒。在瑞典南北各地的农场乡间，从巨型粮仓、肥料车间到负责粮食检验的实验室和宣传科学种粮的研究所，随处可以看到这个标志。

瑞典全国有5万多农民加入了“农家人”合作社，合作社的目标是为农民提供市场信息、技术和质量监测等多方面的服务，建立农产品收购和销售的网络。加上“农家人”合作社自创的品牌产品的销售，这个合作社年营业额高达31亿欧元，是欧洲最大的农民合作社。

2005年秋天，在“农家人”合作社的一座粮仓，记者看到农民将满载着收获的大卡车开上粮仓的地秤，让粮仓的工作人员取样测量粮食的水分和品质，之后拿着检验好的报告单，到会计处领钱。这座巨型粮仓还拥有配套的面粉厂和大型面包加工厂，其一条龙服务可以让农民的产品在最短时间内到达消费者手中。从巨型粮仓伸出的架在空中的管道，直接把晒好的谷物运送到面粉厂加工，减少了中间运输环节，也保障了产品质量。

“为消费者提供高质量的农产品”是“农家人”合作社努力的目标。尤其在瑞典这个环保意识深入到各个层次的社会，不仅农民提供的产品是否安全健康，就连其生产、运输过程是否环保，都成为消费者在选择产品时考虑的因素。“农家人”合作社自创的许多品牌已成为瑞典消费者信得过的产品，绿色的正在发芽的麦粒也成为质量保障的标志。

“农家人”合作社的历史可以追溯到19世纪后期瑞典从农业社会向工业社会转型时期。随着机械化的发展，小户经营的农庄面临经济上的难题，他们的农产品价格在市场上无法和大农庄竞争。为了保护地区小户农庄的经济利益，一个由农民组成、由农民经营管理的合作社诞生了。最初是一个地区的小户农庄单纯经济上的合作，随着合作社的发展，地区之间也联合起来。今天，“农家人”合作社不仅是全瑞典农民最大的经济利益合作社，而且它还成立了各省“农家人”合作社的联合体，以越来越主动的市场战略，保护和提高瑞典农民的经济和政治利益。

合作社能有效经营的基础是民主公平的管理方法。“农家人”合作社从成立那天起，就遵循着一人一票的民主程序，通过选举，用理事会的形式管理农民的事务。进入合作社的农民根据自己的经济状况，向合作社交纳会员费，这成为理事会成员工资和管理资金的来源。今天的“农家人”合作社已经拥有众多有限公司，并用最有效的方法推销农民的产品和服务。这些企业年终的赢利和分红都会反馈到交纳了会费的农民手中。

二、东亚国家和地区的综合性合作组织发展模式

东亚地区有着悠久的历史，是个有着浓厚传统色彩、长期以小农经济为主体的社会。即使在工业发达的今天，由于人口、自然环境、文化传统等原因，其农业生产仍然没有摆脱规模小、市场化和专业化程度低的现状。为适应社会化大生产的基本要求，增强农业生产抵抗市场风险的能力，这一地区形成了政府主导下的综合性农村经济合作组织。这种模式主要有以下几个特点：

（一）自上而下分级的严密组织体系

东亚国家和地区在长期的中央集权社会传统中形成了严格的等级观念，在政府积极推动下建立的农会（农协）也按照行政区划逐级建立的。日本的农协形成了一个包括地方性组织和全国性组织在内的完整体系，农协的机构设置跟随行政设置也分为三级：以市、町、村作为经济区域，农民入股而组成的称为基层农协；以都、道、府、县作为经济区域，基层农协入股而组成的称为县级联合会；以全国作为经济区域，由基层农协和县级联合会入股组成的称为全国农业协同组合。而且，每一级农协组织都与本级行政组织相对应，关系密切。其中，全国农协中央是农协的综合性指导机关，主要任务是对下一级农协的组织、业务及经营进行指导，协调各联合会之间的关系和调解纠纷，就农协和农业政策问题向政府有关部门提出建议。全国农协中央下设生产、生活、总务及金融四个委员会，分别与都、道、府、县中央会的农协经济联、共济联、福利联和金融联进行对口联系，从事县联合会力不能及的经济活动。根据层层建立的原则，都、道、府、县农协设有各种联合会，只对市、町、村农协进行业务指导。

目前韩国农协的组织结构分为上下两层，上层为农协中央会，下层为设在乡镇的基层农协，并在整体上采用“一元化的综合农协体制经营”方式。韩国农协系统的工作网络遍布全国，大小机构共有 5663 个。其中，中央会在市、

郡（县）设立了160个办事处，办事处下设的一级和次级网点分别为691个和298个；基层会员组合1171个，下设网点共3237个。[①]

（二）合作组织综合经营，服务内容全面，服务体系完整

日本农协的最大特点是拥有综合性服务体系，即它的业务范围涵盖农业产前、产中、产后每个环节，功能涵盖生产、销售和多种业务，其功能和作用主要包括生产指导、产品销售、集中采购、信用合作、金融服务、社会服务和成员权益保障。由此不难看出，日本农协不仅在农业生产领域发挥重要作用，在农民生活中也提供广泛的服务。此外，农协不仅是农民经济利益的代表，也是政治利益的代表。

韩国农协受国家委托，可以在政府权力之外行使公共权力，可以超越金融、保险等部门法的规定，从事所有符合法律规定的涉农业务——金融、保险、粮食售卖、运输、仓储、物流、超市、海外贸易等等。

（三）合作组织与政府的关系密切，其主要活动往往由政府主导

因为东亚地区人口多，人均土地少，农业规模小，文化传统上过于重视土地，单依靠农民自身的力量难以组织起来，所以政府在农村经济合作组织的发展过程中起了主导作用。这些合作组织实质上是半官半民的组织，与政府关系非常密切。政府对农村经济合作组织给予了大量的财政和政策支持，这些合作组织往往成为政府推行农业政策的工具，同时也在一定程度上保护农民的利益。

从日本农协发展的经验来看，农民协会的组织、农民合作及其组织化离不开国家和政府的支持。在日本，政府对农民协会的支持突出地表现在以下四个方面：一是法律保护。二战后日本先后制定了一系列旨在支持和保护农业和农民利益、推动农民组织法的法规。二是政策支持。有了法律保护的日本农协，在发展过程中同样得到了政策的大力支持。这主要体现在日本各级政府制定的农业政策、税收及金融政策等方面。三是财政支持。由于农协是互助性质、不以营利为目的的经济组织，因而政府在财政上制定多种补贴政策来扶持农协，

---

① 《2012年农禾之家赴韩国农协考察报告》，见 http：//blog. sina. com. cn/s/blog　69816 e2f01 011x hl . html。

积极解决农协的经费问题，确保农协专注于农业科研、经营、管理等业务。多年来，政府对农协一直实行低税制。日本政府还对农业保险给予大量援助，还采用较长期的低息甚至无息贷款扶持政策。四是监督管理。政府对农协的组织、运转及财务等均制订了严格的规定。通过监管保证农协的互助和非营利的性质，同时也督导其不断完善组织，提高效率。

案例：韩国农协①

韩国农协是由韩国依据《农协法》这一特别法于1961年设立的公法社团，至今已经有50多年的历史。目前的组织结构分上下两层，上层为农协中央会，下层为设在乡镇的基层农协，并整体采用“一元化的综合农协体制经营”。农协开展的业务包括三个大类：一是教育及文化，即推进农业新技术和新品种的研发、实践、经营，并提高农民的维权意识，使其享受更加富裕的生活及文化福利；二是农产品流通事业；三是金融事业，即农协会筹集资金，提供全面的农业金融服务。截至2010年年底，韩国农协共有1171个基层组合，代表了2447765个农民组合员，几乎覆盖了全体农民。

韩国农协建立的目的是“通过提高农业生产力和通过农业人的独立的合作组织，提高农业人的经济社会地位，确保国家经济的均衡发展”。而且，在农协法“之外的其他组织不得使用地域组合、专业组合，以及国家农协中央会之类的名称”。目前，韩国农协系统的工作网络遍布全国，大小机构共有5663个。其中，中央会在市、郡（县）设立了160个办事处，办事处下设的一级和次级网点分别为691个和298个；基层会员组合1171个，下设网点共3237个。

韩国农协中央会依法通过设立公司的方式发展金融和经济事业，共设立了21家子公司。其中4家金融子公司；4家农产品流通中心，负责收购、储藏、保管、运输、配送、加工和向消费者提供安全新鲜的农产品；4家农业生产材料的公司，负责进行包装材料、肥料、农药等的生产制造；3家专营饲料畜产

① 杨团、孙炳耀、石远成：《韩国农协2012考察报告》，见 http：//finance. sina. com. cn/nongye/hyxx/20120905/110313051684. shtml，2012年9月5日。本书引用时有编辑和删节。

品和人参加工制作的公司；还有支持农畜产品出口，开拓海外市场的贸易公司、专营运输和配送的物流公司；从事传媒营销、设施、租车和劳务派遣业务的开发公司；提供信息服务的信息系统，以及农协资产管理公司和农协经济研究所。

农协的金融事业分为两个部分：一是农协银行，以城市为中心，向下延伸建立分支机构，至2010年末，存款规模达123万亿韩元；二是农协合作机制的“合作金融”，以基层农协为重心。

将金融服务与农民组织结合起来，是韩国农协发展过程中最重要的里程碑，其基本理念是借助金融力量推动农民组织发展。农协银行的资产从一开始就被定义为全体农民的共同财产。农协银行与商业银行提供的金融服务并无两样，包括银行、保险、卡、外汇、合作金融等业务，并与多家证券、期货、资产管理等机构合作，提供一站式、多样化金融服务。从2012年3月2日开始，农协银行从农协中央会分离出来，独立运营。不过，分离后的农协银行，仍然由农协中央会控制，是中央会控股银行，农协对银行仍然存在着权力控制和相关的利益关系。

政府对农协金融事业提供各种支持。“60到80年代，韩国政府没有钱，所以政府向中央会提供信用保证，从外国引进资金。”“80年代后我们是外汇自由化，以前，外国的贷款政策是很优惠的，低利息、长期，尤其是日本、德国、加拿大的贷款。”“那个年代，国家的财政很弱，给予农协的支持实际上是贷款利差的概念，相当于返还利差和手续费。韩国现在有低利息。以前的政策资金是因为利息高，有优惠，但现在没有。低利息，就没有利差了。政策资金的利息和银行贷款的利息差别不是很大。但以前差很大，比如1993年商业贷款利率是12%，但政策贷款的利率是5%。所以在当年是个很大的优惠。但现在贷款的利息是5%—6%。”政府设立“农产品价格安定基金，通过农协给农民支援，一直实行到现在。农安基金是短期的，春天贷款、秋天还款，多以大蒜、洋葱、辣椒等经济作物为主，稳定了农产品价格”。

农协金融机构承担了政府的政策性金融业务。政府对农业、农村、农民的资金支援，基本上都借助农协金融平台，自上而下地运作。由于农协的网点深入到基层，承担农村金融政策性业务，这是其他金融机构所不能替代的。基层农协与农民有着方方面面的联系，借助于其服务平台开展政策金融，其效果要比借助基层行政机构更好。“资金上的支持，如政府有关农业财政资金，都通过农协组织给农民支援。因为除了农协没有别的渠道往下走。”“农业政策金融的资金来源于政府。以前，资金支援的对象由政府决定，结果是低效率。后来政府决定，资金支援对象的审查，由银行来做，效率提高了。这样形成分工，政府申请国会的预算，按预算来审查。农协银行受到政府的依赖，做公共性服务，这样更有效率。”“农村的基础设施、教育文化也是公共投资，十年以前开始的，现在政府正在考虑通过银行的审查实施。农业金融是长期的地域性的。一般政府贷款是短期的，由农协资金来支援。农民如果没有信用的话，政府有信用保证基金；没有担保的、没有财产的农民，政府提供保证。信用保证是政府委托农协，农协代理执行，若政府预算不够，农协银行自己投入，政府保证利息差补偿。现在政府资金不够，农协投入的比例是60%，但政府对农协的利息差有补偿。”

流通事业是韩国农协的三大业务之一。流通服务不仅是农协中央会的任务，更是基层农协的任务。由于服务量大，市场竞争压力大，所以更具挑战性。基层农协在当地办有超市，做地产地销的农产品，也做外地农产品，更多的是一般商品，以适应当地居民购买需要。农协中央会在农产品批发中发挥了重大作用，特别是在一级批发中，与政府、商业公司一起，共同做好批发市场。全国有31个农产品一级批发市场，主要是政府投资兴办的，农协都进驻开展服务。首尔的可乐洞农产品批发市场是全韩国规模最大的一个，农协设在可乐洞的子公司销售部经理白哲基介绍说：“农协中央会的分公司进驻全国所有的大型批发市场，规模比较小的市场，有的只是当地的基层农协在做。”“可乐洞市场是政府办的，让6个法人公司入股进驻，其中包括农协。农协的公司是政府规定进入的，其他公司每年可能被换掉，而农协永远常驻。进驻者可以租用场地拍卖货品。在青果类（蔬菜、水果）的经营场地中，农协占13.7%的面积。”可乐洞批发市场由政府投资建设，负责管理。“管理人员共300人，最重要的是市场秩序管理，处理垃圾、保持市场公正等。”规定进驻的公司“将经营总额的0.53%作为市场使用费交给政府，这笔钱用来支付管理人员工资和行政办公等成本费”。农协的子公司在批发市场经营中类似于商业公司，相互竞争，使农协在市场中充满活力。在批发市场中，农协与别的公司除了到合同五年期满不用更换以外，在其他方面没有本质的区别。

政府采取多种形式支持农协建设流通设施。对于大型超市这类流通设施，其建设所需资金一半以上是由国库支持。对不同的机构，政府支持的力度也不同。“一种是良才的形式（农协中央会设立的最大的超市之一，主要售卖农产品，蔬菜水果和肉类），由中央会创办的；另一种是地方政府创办的，由地方政府100%投资，由农协经营。这是两种性质的。”“批发市场是政府出资，有政府的管理机构。良才大型超市和批发市场结合在一起，国家投资占70%，农协占30%。地方政府100%投资的，让农协负责经营，以后给予地方政府手续费。地方政府不需要农协出很多的钱，担很大的风险。”

政府采取多种税费政策，支持农协的销售。“延川郡产的大米，销售的时候，物流方面的费用，有支持。泡菜销售时，快递、物流设施改善费用，有支持。包装改善的设备，有支持。组合员财产税，减少；农特税，减少；地契税，减少；教育税，减少。农协的超市，如果符合农协根本的工作，是百分之百免税；如果符合一部分，百分之五十的免税。农协制造企业百分之百免税。超市内农产品销售，按面积算，农产品场地有百分之五十的免税，但是农产品之外的，要交一般税。是什么产品，按超市面积的比例算。我们的农产品销售设施，百分之百由政府支持。可以做一般产品，没关系，但要交税。”

自1961年开始，基层农协的组合长都由中央会直接任命，实际上是由执政党派出的党员干部担任。对于经营不善的基层农协，中央会还要直接派出经营开拓员担任常任理事、专务理事或者骨干职员，以加强基层农协的经营管理能力。可见，韩国农协的基层组织是自上而下建设而成的。

第三节　国外农村经济合作组织发展的主要经验借鉴和启示

我国是农业和农村人口大国，但农业经营组织规模小，农村合作经济目前仍不发达，在农村经济中所占的比重很小。如何促进我国农村合作经济的快速发展，在社会主义市场经济条件下，改变我国农业生产落后、弱小的局面，使农业真正进入市场经济，解决农业小生产与世界大市场的矛盾是我们必须承担的任务。发展农村经济合作组织，提高农业组织化程度，是一条科学合理的道路，必须加以重视和大力推进，因而总结和借鉴国外农村经济合作组织的经验，努力探索一条符合我国自身国情的农村经济合作发展道路，是十分有必要的。当然，借鉴的同时必须结合我国的基本国情，有区别、创造性地运用国外的经验。通过对其他国家和地区农村经济合作组织发展状况的考察，可以形成如下经验借鉴和启示。

一、因地制宜，选择适合中国国情的农村经济合作组织发展模式

为适应市场经济和农民的需求，我国需要发展多种形式、多种层次的农村经济合作组织。例如，虽然我们与日本、韩国最初发展农村合作经济的情况相差不大，可以借鉴这些国家的合作组织发展模式的一些优点，但不能完全照搬他们的综合农协模式。因为虽然中国的农村社会属于小农社会，但中国是一个地域大国，农村社会之复杂性、多样性、不平衡性，是其他东亚国家和地区（如韩国、日本）所不能相提并论的。因此，在中国建立全国农协的成本非常高，同时目前也不具备相应的现实条件。改革开放以来，随着农村集体经济的解体，特别是20世纪50年代至70年代集体经济的灰色记忆，使中国人对国家推动的各种形式的集体化有着天然的警惕和怀疑。因此，主要借鉴欧美模式的专业经济合作组织的经验，在中国建立各种各样的农民专业合作社是目前基层发展合作组织较为现实和理性的选择。在今后很长的一段时间里，农民合作社都将是中国农业生产的最佳组织形式之一。

对欧美模式的借鉴并不意味着对东亚发展模式的完全排斥。一方面，我国与东亚国家和地区农业发展条件相近，文化传统一致，农村经济合作组织的发展模式中肯定存在值得借鉴的经验和启示；另一方面，我国农村经济合作组织的发展也存在联合发展的需求。自从我国打破农村集体经济体制实行家庭承包制以后，特别是在实行市场经济体制之后，这种一家一户的小农生产方式很难适应社会化大生产的要求，在市场上缺乏竞争力。为了更好地适应社会化大生产的要求，把生产同样农产品的单一农户组织起来，就要建立各种合作组织，

并在条件具备的地区按照一定的地域、将同种类的合作组织联合起来建立大的专业联合社或者专业联合会，依靠集体的力量参与市场竞争。合作组织联盟需要结合中国国情建立相应的层级，并吸取日、韩综合社的特点，将专业社的发展与综合社的发展结合起来，在实践中注意将民间自发经济合作组织与我国现有的供销合作社系统的既有模式结合起来。另外，合作组织的发展应与县域农业经济的发展相结合，因此有必要考虑建立县级农民合作社联盟组合。由此既可以形成产业政策的组织实体，又有利于提高农民的市场力量，从而增加农民收益，同时可以提高农民的组织化程度，与全国的合作组织促进政策相对接。这方面，可以考虑借鉴韩国农协的经验，将县级农民合作组织的建立纳入到公法体系，促使地方政府推动县级农民专业合作组织二级组织的建立，保护农民利益。中国有些地方已经出现这方面的实践创新，如浙江瑞安的农村合作协会与河南兰考的农民专业合作社联合会就是其中典型的代表。

在欧美等农业发达国家，生产力水平、农业社会化程度高，市场经济成熟，其农业合作社一般是由大规模农场主联合组成的，生产和经营的实力较强。政府在农业组织发展中只需制定各种政策，以扶持、规范和制约农业组织的发展。而日本则结合其农业生产的小农模式，通过别具特色的“农协”，在小农与市场之间架起了桥梁。由此可见，在农业生产多样化，农民居住分散地区以综合农协为主；在特色农产品集中生产地，则以专业农协为主，以特定农产品生产者为对象，开展农产品贩卖和技术指导业务。目前我国农业的实际情况是，既有土地相对集中的地区（如东北），又有土地规模狭小的地区（如东部沿海地区），既有以特色农产品生产为主导的地区，又有多样化农产品生产地区。所以，我国的农业合作社的发展模式不可单一化，要借鉴国外经济合作组织发展经验，探讨如何建立适合特定地区、特定农产品的发展模式。

从日本、韩国的农村经济合作组织发展情况看，不同层级合作组织的共存说明不同层次的合作组织都有发展的空间，主要是看它能否适应市场经济和农民的具体需求。但是中国地域辽阔，各地经济发展水平差距也比较大；虽然与日本、韩国在农业生产条件上相差不大，但我国国家规模和人口规模却要大得多，由此引起各地域合作经济组织的产生原因、发展历程、生存环境等各不相同。因此我国并不适合完全一致地采用日、韩模式的综合性农村合作组织，要因地制宜推动发展多种形式、多种层次的农村经济合作组织，寻找到一条完全适合中国国情的农村经济合作组织发展之路，促进社会主义新农村建设的快速发展。

二、正确处理政府与农村经济合作组织的关系，发挥政府的积极作用

实践表明，农村经济合作组织的健康发展离不开政府的鼓励和支持，这一点无论是在市场主导下走专业合作组织的欧美国家，还是在政府主导下走综合农协模式的东亚地区都无例外。完全不干预市场行为的“守夜人”政府早已不适应时代发展的要求了。在市场经济制度下，伴随着人类进入工业文明时代，农业就成了弱势产业，并在激烈的市场竞争中成为一个国家经济生活的配角。但农业是一国立国之本，直接关系一个国家的粮食安全，而我国作为这样一个人口大国更是如此。为规避风险，提高市场竞争力，农业和农民需要政府的扶持和支援。

我国是传统的小农经济社会，大都采取以家庭经营为主的农业经营模式。建立农村经济合作组织虽然有利于把单个的农户联合起来共同闯市场，但基于我国农民的文化素质普遍不高的现实国情，让分散、实力不强的农户自行建立合作组织，这对于大部分地区来讲还具有一定的难度。当前，各级政府应该在推动各类专业和综合性农村合作组织的建立上发挥主导作用，进行深入推动。东亚地区有着悠久的中央集权传统，国家对农民生活和生产形成相当严密的控制，即使在现代社会生活中，人民对政府仍然有较多的依赖。我国要借鉴日本和韩国的经验，充分利用政府的力量推动农村经济合作组织在中国的发展，以适应社会主义市场经济的需要，克服小农经济的弱点，实现农业生产的规模化、专业化。

当然，任何事物都有两面性，过多的政府干预和保护，有可能造成农村经济合作组织对政府的依赖性，甚至会阻碍合作组织的独立、健康发展。如日本农协长期依赖政府，政府在立法、政策扶持等各方面对农协发展提供了各种支持，在一定时期内既维护了弱势群体的利益，同时也有效促进了国民经济的协调发展。但是从 20 世纪 70 年代起，日本农协表现出过于政治化、政治依存度

过高的特点，过多的农业保护反而使日本农业逐渐丧失了经营自主权与市场应变能力。在政府的保护下，生产效率日益低下，农业自我生存能力缺失，导致农业创造的经济收益下降，日本农业发展水平与世界发达农业生产国相比也开始呈现较大差距。日本对进口农产品征收世界上最高的关税，并对各级农协进行高额补贴，但农业生产总值却逐年减少。因此，近年来日本农协在经营机制和及组织架构上进行变革，保持“自立和自主、互助”方针，进行组织整顿，提高经营效益。从这个角度看，政府的扶持必须是适度的，不能制约农民的主动性和创新性。

从欧美国家大量经济合作组织的实践来看，过分依靠政府的组织是脆弱的，而且容易使其失去它们的活动中心。美国政府高度重视合作社工作，但不干涉合作社的内部事务：美国农业部内设农业合作社发展局，农业部在向国会提交的年度报告中，多次把合作社工作放在其工作报告的首位；美国政府以提供非政府机构不能提供的服务为自己的责任，通过立法，规定农业合作社发展局每年对全国农业合作社的情况进行统计，并收集存在的主要问题和预测发展前景；同时根据合作社的发展要求，组织出版包括服务、信息、研究的有关合作社基本知识的书籍，并在互联网上免费提供这些资料和以极低的价格出售这些书籍，为农业合作社知识在农民中普及起到极大的推动作用；政府还采取资助、授权、参与决策等多种措施调节、引导、扶持合作社及其服务机构的发展，每年都投入大量的精力与财力针对合作社开展调查、统计、研究工作；美国国会也鼓励通过合作社的方式来解决农民所面临的共同问题。但是以上政府工作的努力是以不干涉合作社内部事务作为基本原则的，合作社的内部组织机构、董事会成员选举和财务运作等事项都由合作社章程决定，只要章程符合合作社有关法律规定，政府无权干涉。由于政治、经济等各种原因，我国农村经济合作组织在创建初期和政府保持着较强的依赖关系，有很大一部分合作组织是在政府及其相关部门的推动下进行的，这种情况在合作组织发展初期尚可理解，可是长期下去势必引发产权和管理问题，影响合作组织的运营效率。因此，应处理好目前政府与农村经济合作组织的关系问题。在政府方面，要合理划分政府、市场、合作组织的功能边界，明确政府的主要工作是提供市场不能提供和难以提供的“公共产品”，解决市场不能解决的有关合作组织发展的共同问题，为合作组织的发展提供良好的外部环境。在这个过程中，要尽量避免对合作组织内部事务的直接干预，主要履行对合作组织的监督与服务职责。与此同时，农村经济合作组织也应该意识到，保持合作组织的自治和中立是必须要坚持的一个重要原则。在合作组织发展所面临的经济环境日趋复杂的条件下，明确合作组织与政府的正确角色定位，对于处于过渡时期的我国农村经济合作组织发展具有更为重要的意义。

三、制定相关法律与扶持政策，为农村经济合作组织发展创造良好的外部发展环境

发展农村经济合作组织需要政府的政策支持和立法保护，这是合作组织发展所不可缺少的外部条件。发达国家农村经济合作组织都是在本国政府直接或间接的帮助下构建和完善起来的，政府的政策支持尤其是立法保护对农村经济合作组织的发展产生了巨大的促进作用。我国农村经济合作组织主要是由在市场经济中处于弱势地位的农民组成的，本身经营规模小，经济实力弱。农村经济合作组织与其他经济组织相比较往往处于弱者的地位。在市场交易的竞争过程中，往往缺少足够的发言权，处于被支配和剥夺的地位。因此，必须通过法律规范的形式，明确国家对农村经济合作组织的鼓励和支持，以有利于农村经济合作组织的发展。

通过对国外农村经济合作组织发展的考察发现，欧美和东亚国家都为合作组织提供了较为宽松的政策环境，以支持农业这一弱势产业的发展。我们应借鉴这些国家的经验，积极协助农民组建各种经济合作组织，制定法律保护合作组织的发展，还要为合作组织的发展提供各种优惠政策，如税收优惠、信贷优惠等，并可采取适当的产业倾斜政策，从产业结构、产业组织、产业技术、产业布局等方面加强支持力度。在法律规范层面，虽然我国于2007年7月开始实施《中华人民共和国合作社法》，但是该部法律本身大都是原则性的规定，而与之相配套的法律法规也还不够完善，不能具体解决农村经济合作组织在发展中遇到的许多问题，很多合作事业参与者都在呼吁制定切实可行且具体详尽的政策法规、条文。反观欧美等国家在农村合作经济的发展过程中，无不率先制定相应的法律来保障农村合作组织的健康发展。我国应借鉴欧美国家的立法

经验，尽快修订、完善农民合作社或农村经济合作组织方面的相关法律法规，及早建立符合我国国情和历史传统、适应未来农村经济发展的法律体系，为合作组织的持续良性发展保驾护航。

四、健全农村经济合作组织内部管理机制

从国外农村经济合作组织的发展看，合作组织之所以具有旺盛的生命力，主要在于建立了一套健全的内部运行机制。这一机制包括清晰的产权结构、一人一票的民主选举和表决机制、规范的利益联结机制等内容，而且农村经济合作社随着社会经济发展而不断创新，不断适应社会发展的需要。总体来看，国外农村经济合作组织的管理机制更多地借鉴了股份制的现代企业管理制度，权责明确，政企分开。目前世界上绝大多数国家都将经济合作组织定位于一种法人或特定的法人，可以享有类似于法人的权利和义务，像公司、企业法人一样开展经营和进行日常运作，具有经营自主权，有利于民主管理原则的实现和商业化运作的进行。同时也规定，经济合作组织不以盈利为目的（部分国家承认盈利），应保持中立，应该有自己的章程，并应到工商、税务等部门登记；社员大会或社员代表大会（股东大会）是最高权力和决策机构，每年召开一次，由其选举出理事会（相当于董事会）作为执行机构，此外还可选举监事会监督理事会和经理团队的日常工作；理事会聘请经理团队进行日常的管理和经营工作，经理团队包括总经理但不一定是合作组织的社员。

美国的农村经济合作组织在运行中坚持民主自治的原则，以为农民服务为宗旨，维护农民的利益。这个目标能否得到充分实现，关键在于合作组织是否以服务入社农民、满足其经济和社会需要为宗旨，是否注重产品服务的体系化。合作组织的服务，不仅仅是提供技术、信息和产品销售服务，更重要的是要开展深加工领域的合作，让农民的产品获得增值，让农民充分享受产后环节带来的巨大利润，甚至将这种合作渗透到消费者餐桌，实现一体化服务。为此，合作组织的发展形势一定要根据农民的意愿，要从真正服务农民的角度出发；合作组织的建设也一定要有科学的论证和合理的步骤，要有农民的积极参与，获得农民的承诺和信任。

我国的农村经济合作组织应该借鉴国外合作组织现代企业的组织管理方

法，实行社员大会、理事会和监事会分权制的组织管理经验，逐步完善我国合作组织的内部管理和运行机制。具备一定条件和经济实力的合作组织，应该实行一定程度的所有权和经营权的分离，聘请专职的经理等经营服务人员，在坚持为社员服务的宗旨下，完善民主管理和利益分配机制，以实现公平和效率的完美结合，真正办成“民办、民管、民受益”的组织。我国农村经济合作组织可以参考美国在坚持传统合作经济原则的同时，不同程度地对传统原则有所创新的发展思路。比如，在遵循按交易额分配的同时，适当增加按股分配的比例，并严格将红利的年率限制在8%范围之内。

现在，我国农民专业合作社的管理制度和国际上相似，主要有社员代表大会、理事会、监事会作为其决策和管理经营机构，其中，社员代表大会是最高权力机构；理事会是法人代表，是执行机构；监事会执行监督职能。但在具体实行上，民主决策和监督往往得不到很好贯彻，投入股金较多、在生产经营中占较大比重的大户、依托单位等往往凭借自身优势把合作社作为实现自我利益的工具，他们掌握着经营决策权，有的甚至利用自身优势去挤占其他社员应得的合法利益，致使社员代表大会形同虚设，社员的民主权利并没有得到真正的发挥。由于农户和合作组织之间只存在着松散和半松散的关系，所以也没有履行监督义务的动机，这样下去将会使合作社偏离正常的轨道并造成管理上的混乱。因此，要进一步健全组织管理制度，制定章程，明确各方的权责，规范内部控制制度，形成较为科学的权衡机制。要密切社员与合作社之间的经济与业务联系，真正贯彻“一人一票”的民主决策机制，赋予社员对重大决策的发言权；要明确理事会的责任和义务，使理事会真正能够代表社员的利益；要健全监事制度，完善民主监督机制和加强财务管理机制，从而使合作社能够持续、稳健地发展。

五、更加注重资金对农村经济合作组织发展的作用

在当今世界经济社会环境日益复杂多变的背景下，各国政府更加注重资金对合作组织发展所起的关键性作用。一个经济组织要生存和发展必须要有稳定的资金来源，而当前我国许多农村经济合作组织都面临资金短缺的问题，其主要原因包括以下几点：一是规模小，固定资产少，以土地的使用权为主，自身

创收能力太弱，资金来源渠道单一；二是大多数金融机构不承认农村经济合作组织的法人地位，很难获得金融机构的贷款；三是由于农业的特殊性，即生产周期长、风险大、收益率相对低以及交易成本高，因而在农村地区没有建立健全的金融体系，这也使许多金融保险机构不愿意开展此类业务。目前中国农村地区的经济合作组织大部分是遵循入社自由和退社自愿的原则，而且强调资本报酬的有限原则，这使得合作组织对外部资金缺乏吸引力，资金只能由社员人股资金组成，由于社员人数有限，合作组织资金实力非常弱小，难以有效开展各种经营活动。

欧美国家的合作组织大都十分注重自身内部资金积累能力，主要通过定量确定合作组织最佳经济规模和资金需要量，以股金筹集机制的方式获得发展所需要的大量资金，同时以有效的利益分配机制吸引外来投资。大量资本注入使得合作组织在发展农村经济的同时拥有较高的管理效率和市场行为调节能力。我国农村经济合作组织要借鉴欧美的发展经验，充分利用外部融资环境提高经济合作组织的资金筹集能力，并利用优惠财税政策提高经济合作组织自身的资本运作能力。

从韩国农协的经验来看，成立综合农协之前，由农业银行和旧农协而组成的二元组织结构在资金方面遇到了不少问题。两个机构合并之后，农协把金融部门纳入到自己的服务体系里面，从而形成比较完整的服务体系，也奠定了农村经济发展的基础。并且，韩国农协通过互助金融业务，不仅解决了资金筹集问题，而且给农民提供了互助合作性金融业务。客观来讲，中国农村金融体系尚未完善，因此大多数农户、涉农企业和合作组织都面临着融资难的问题。国有商业银行从农村地区撤退之后，农村信用合作社是农村唯一的正规金融机构，虽然它的宗旨是为“三农”服务，但实际上它的主要目标客户并不是农户或合作社社员，而是一些收益率比较高的企业。为了更好地推动中国农村地区的发展，进行社会主义新农村建设以改变城乡二元结构，政府开始重视农村金融体系的完善，为新农村建设提供资金支持，鼓励在农村设立农村信用担保合作社、农村资金互助社、村镇银行、贷款公司和小额贷款公司等新的金融主体以满足农村和农民日益增长的资金需要。虽然现在还处于起步阶段，但这些金融主体的发展壮大可以逐步促进农村经济发展，同时有利于改进和完善农村金融服务，培育竞争性农村金融市场。尤其是，像农村信用担保合作社和农村资金互助社一样在合作组织基础上组建的金融组织将对农业、农民和农村经济发展产生很大的作用。在这点上，我们可以参考韩国农协的经验：它组建自己的金融部门，不仅给农民或会员提供低息贷款，而且在开展某些项目时，为解决内部的资金需求问题，对那些没有财产担保的农户，则由政府专门设立的政府信用保证基金来负责担保。这种经济部门和金融部门结合的合作经营体系比较适合于金融服务体系不太健全的农村或欠发达地区。

根据我国目前农村经济合作组织的发展现状，我国还可以拓宽资金来源渠道，加大对农村经济合作组织的资金注入，满足农村经济合作组织良好运营所需的资金。这要求制定合理的利益分配机制，增加对社会资本的吸引力，注重资本对于合作组织运行的有效激励与调配，用民间资本盘活合作经济，使农村的土地、劳动力与资金密切结合，高效运行。另外，还应改革目前农村的产权制度，在承认个人产权的基础上，加大资本的聚集程度和有效利用程度，使得个人支配决策变成共同支配决策。在这个层面上，个人利益与合作组织的集体利益紧密结合起来，既能充分调动社会上的资金拥有者和农村农业经营大户的积极性，又能带动更多的力量弱小的普通农户，推动农村经济和合作组织向更高层次发展。

另外，还可以考虑借鉴欧美等国家的经验，建立全国性的促进农村农业发展的银行，为农村经济合作组织的发展壮大提供资金支持，并以立法或条例的形式确认其法律地位、企业性质和组织使命。同时，也可以吸收东亚地区日本、韩国的经验，组建全国性的农村经济合作组织，然后给予其资金和政策支持，由其负责建立专门为农村和农民服务的金融机构，从而解决农村和农业发展资金缺乏服务农民的问题。

总体来说，中国农村经济合作组织的发展，既要吸取中国农村经济合作组织多年发展历程的经验和教训以避免重蹈覆辙，又要结合当前我国的实际国情，借鉴和吸收其他国家和地区的现有成功经验，博采众家之长以规避可能出现的风险。在尊重农民创造性的基础上，不断完善既有的管理体制和经济社会文化环境，边改革边实践，探索出一条有中国特色的农村经济合作组织发展之路。

第八章 CHAPTER 8

我国农村经济合作组织持续发展的思考

◎ 农村经济合作组织与政府关系的基本特征

◎ 农村经济合作组织持续发展的基本原则和制度建设

第一节 农村经济合作组织与政府关系的基本特征

作为一种现实的民间力量，农村经济合作组织的发展与变革是对中国国家与社会关系进行观察研究的重要视角：在从全能主义国家向国家与社会分殊的制度转型的背景之下，农村经济合作组织的发展既见证了农民从被组织者到自主组织者角色的转换，又体现了税费改革后国家权力对社会的再进入过程。在此观察视野之下，农村经济合作组织的发展既涉及其外部制度环境的调整，又有赖于其内部治理能力的提升。但考虑到中国转型社会所面临的制度结构，当下政府在农村经济合作组织发展中的主导作用短期内不会有较大的改变。由此可见，农村经济合作组织发展的核心问题在很大程度上仍然是政府的定位和角色问题。为实现政府与农村经济合作组织的良性互动，促进农村经济合作组织的可持续发展，需要政府的积极参与和主动的制度创新。

通过对我国农村经济合作组织的调查发现，农村经济合作组织在政治、经济与社会服务中的作用日益重要，由此，扶持合作组织的发展成为政府的重大战略决策，并为合作组织的发展提供了良好契机，带来了广阔的生存空间。但是，由于转型期政府与市场机制本身界限的不确定，农村经济合作组织和政府的关系表现出依存性、不均衡性、差异性等特征。

第一，依存性。农村经济合作组织的发展虽然呈现出国家权力渗透制约和合作组织独立分化的两种倾向，但这个过程并非相互矛盾和相互对立，而是一种相互依存和相互支持的关系。从政府的层面看，“地方政府通常将合作组织视为实现政府经济政策的有效组织载体，利用合作社推进产业结构调整，实现产业化、最终提高农民收入的经济政策目标”①。从合作组织的层面看，由于合作组织是处于市场竞争不利地位的弱小生产者的自愿互助组织，其制度安排处在市场

① 苑鹏：《中国农村市场化进程中的农民合作组织研究》，载《中国社会科学》2001 年第 6 期。

机制失灵的边缘，对政府的扶持具有某种天然的倾向性。所以，如何借助政府的特殊优势去协调外部关系、改善外部经营环境、提供依靠自身力量难以实现或交易成本过高的服务，实现自身的加速扩张，成为合作组织发展的重要策略。由此可见，政府与农村经济合作组织的关系，已经从农村改革前的政府对农村经济合作组织的全面控制发展到今天政府对农村经济合作组织发挥主导作用。政府与合作组织的相互依存和良性互动具有积极的意义，国家在对农村合作组织的支持过程中扩展了国家的功能边界，同时后者也在主动引入国家符号、参与农业服务供给中逐渐获得自身发展的自治性，未来，农村经济合作组织的良性建设也依赖于政府在立法建设、制定经济扶持政策、提供公共物品等方面的支持。

第二，不均衡性。我国农村经济合作组织与政府的相互利用和相互依赖关系是不均衡的，农村经济合作组织对政府有着较大的依赖性，而农村经济合作组织影响政府决策的活动能力非常有限。我国处于一个由传统社会向现代社会转型的特殊时期，在相当长的时期，行政和政治体制对资源配置的影响仍然是巨大的，政府与农村经济合作组织之间的良性互动关系还远没有建立起来，政府仍然占据绝对主导地位、拥有主动权。[①] 这主要表现在农村经济合作组织的发展呈现出较为明显的行政主导趋向及发展态势。调查表明，县政府是影响合作组织发展的重要变量[②]，通常是政府而不是农民自己提出要成立农民组织，在我国84%的合作组织所在的村中，地方官员通过发布指令、召开会议或两种方法兼用的方式来鼓励成立农民组织[③]。而且，地方政府拥有独特的社会动员能力、稀缺资源配置能力以及技术服务资源优势，在市场经济体制尚未完全成熟的条件下，农村合作组织的发展必然要借助于政府的各种优势。此外，目前农村经济合作组织的发育程度仍然处于初级阶段，组织规模小而零散，无法形成独立的体系，加之农村经济合作组织的整体经济实力在整个农村经济中微不足道，农村经济合作组织只有依存于政府的保护与支持才能推动其自身的快速发展。

第三，差异性。目前，农村经济合作组织与政府间关系的结构差异主要从

① 应若平：《农民专业合作组织的生发机制》，中国农业出版社2006年版，第103页。

② Shen, Minggao, Scott Rozelle and Linxiu Zhang: Farmer's Professional Associations in Rural China: State Dominated or New State - Society Partnerships, 2006 FED Working Papers Series, www.fed.org.cn.

③ 世界银行：《中国农民专业协会回顾与政策建议》，中国农业出版社2006年版，第27页。

两个方面进行辨析：一是我国农村合作组织发展形态各异，既有属于社团性质的比较松散的专业协会，也有管理比较规范、与农民联系比较紧密的专业合作社；既有“暗夜独行”的资金合作社[①]，也有分布广泛的种植和养殖业合作社。合作组织的生成机制、运作模式各不相同，在获得外部发展资源的途径方面具有结构性的差异。二是由于现在合作组织的发展制度仍不完善，政府部门与合作组织缺乏稳定双方关系的持久制度基础，各个合作组织都是在独自探索与政府合作的策略，合作的模式往往因时、因人、因地、因事而异。很多时候合作不是发生于一种组织对组织的正式的制度关系之下，而是依赖于人与人之间的信任和长期互惠关系的积累。在这种情况下，多变的互动策略既可以成为政府继续调整其对合作组织立场与政策的试验场或窗口，又可能长期局限为政府对合作组织的一种策略性回应；既可以成为合作组织能力建设与资源积累的手段、途径，又可能演变为合作组织温和化战略取向的助推剂，而这将会导致合作组织与政府的关系十分不稳定。

案例：山东首家农民资金互助合作社“暗夜独行”[②]

2007 年 7 月 1 日，宁阳县乡饮乡利民资金互助合作社成立，成为山东第一个登记注册的农民资金互助组织。6 年后的今天，这家成立之初风光无限的合作社，在经历了“政策性”夭折的威胁之后，在一种暧昧的政策环境中倔强生长。成立至今，合作社累计投放 2450 多笔贷款，5800 多万元互助性质的贷款扶持了当地农民社员，且无一延期、坏账。

一路走来，合作社理事长张士社如此评价目前的境地：“如‘夜间独行’，政策上没有具体说法，没有保护，也没人干涉，我们也不敢惹事。”据了解，自此以后，目前在宁阳县尚无一家能够以“资金互助”注册下来的“草根金融”组织，而这在全国范围内也非常稀少。

险遭“政策性”夭折

利民资金互助合作社筹备之初，《农民专业合作社法》尚未实施，但乡饮

① 花宇：《山东首家农民资金互助合作社“暗夜独行”》，《农村大众》2013 年 6 月 24 日。

② 花宇：《山东首家农民资金互助合作社“暗夜独行”》，《农村大众》2013 年 6 月 24 日。

乡已经成立了40多家不同类型的合作社，农民合作氛围浓厚。宁阳县农业办公室主任桑逢杰，当时任乡党委书记一职，他说，“农民打工，收入增长很快，手头很快有了积蓄；种养户、工商户常年缺资金，且从正规金融机构贷款很难”。加之，2006年的中央1号文件对“引导农户发展资金互助组织”有明确阐述，利民资金互助合作社就“大着胆子”筹备起来。

吸收民间资金进行放贷，无论在经济上还是政治上，都是一件非常严肃的事情。通过跑各种关系，合作社终于得到了县市一级金融监管部门的口头放行许可，并在工商局登记注册，名号中有“资金”二字，经营范围中明确有“资金服务”二字。

可开业的鞭炮声过去了仅20多天，此事就惊动了当时泰安市的主要领导，所涉“罪名”为“带有向社会融资的嫌疑”。据了解，因为县领导到市里做解释工作，这棵“独苗”才被保了下来。但合作社工商营业执照的正本，却被收走。

只能“闷声发财”

在经历了初创期的惊险之后，利民资金互助合作社确立了“闷声发财”的经营风格，以“确保不出事”。

研究了半年之久的合作社章程，成为合作社不敢轻易突破的“红线”，一切都以“不出事”为前提。社员的资格局限在本乡范围内的熟人，所新发展的社员也几乎都局限在业务经理所在村；借款额不超过个人股金总额的6倍，目前几乎没有10万元以上的贷款；每贷出一笔款，就必须有社员以等额的股金作担保；贷款额占总股本的份额，也保持在80%的底线之下。磁窑镇的一名富人曾想以100万元入社，以获得数百万元的贷款。尽管这对补充股本金很有帮助，但合作社还是断然拒绝了这种盈利诱惑。初创之时的几家企业，也纷纷退股，因为企业需要大量贷款时，找不到足够的自然人社员来担保。久而久之，利民资金互助合作社成了一个单纯由农民和农民专业合作社构成的组织。

尽管起步早，尽管是县里唯一可名正言顺地挂出“资金互助”这块金字招牌的合作社，但利民资金互助合作社的股金规模已经赶不上后来者。但张士社等一帮人，对这种谁都管不着、自己能稳步盈利的状态挺满足。张士社说：“我们不是以利益最大化为目标，而是在控制风险的前提下，让合作社慢慢成长。”为此，合作社还一度劝退过股东，以避免过高的资金成本。

“一开始，有些人担心农民不会管理，但越是没有所谓的‘后盾’，资金互助发展得越好。”桑逢杰说。

“全省第一家”的尴尬

尽管是省内第一个拿到工商登记“准生证”的农民资金互助合作社，但它却迟迟没有拿到金融监管部门所核发的金融许可证。根据公开报道和知情人介绍，沂水、诸城、泰安市岱岳区，都已经成立了银监部门批准的农村资金互助社。尽管利民合作社每月将财务报表送到乡政府，主动要求接受监管，但自始至终只获得了金融监管部门的口头批准。这些年里，合作社也试过和金融部门沟通，但均无果而终。

尽管起步较早，但在利民合作社周边，已经成立了至少数家打着种养合作社旗号、从事资金互助业务的合作社。据当地业内人士介绍，该县每个乡镇至少有两家这样的合作社，算是“打擦边球”。据了解，这些互助合作社风险防范意识不一，几乎处于“野蛮生长”的状态，有的股金规模已经膨胀到了上亿元。

有着“全省第一家”的名号，又在合作社法实施之日就“抢跑”，利民合作社却得不到金融监管部门的正式确认，而它又不敢像其他那些“半地下”的合作社那样将步子迈得太大，以防“树大招风”。据了解，湖北等地已经有过农民资金互助社其因没有金融许可而被取缔的先例。暧昧的政策环境，让全省首家农民资金互助合作社，仍在黑夜中独行。

第二节　农村经济合作组织持续发展的基本原则和制度建设

一、农村经济合作组织持续发展的理论研究

虽然各国的国情不同，农业发展模式也有很大区别，但一个通行做法就是通过设立各种各样的农村经济合作组织来解决这些难题，促进农业发展和农产品的生产与销售。现在，农村经济合作组织几乎遍及全球的每一个国家。在多

数欧美国家，绝大多数农民都是合作社社员，如荷兰的大部分农民至少同时参加3—4个合作社，农民收入的60%以上是通过合作社实现的。法国90%的农民都参加合作社，有的国家，如传统农产品出口国丹麦几乎100%的农民都加入了合作社。在美国，每6个农场主中就有5个参加了购销合作社，每个参加合作社的农场主平均参加2—3个购销合作社。① 近年来，随着农村经济合作组织的发展，学者们开始更多关注不同国家和地区合作组织发展的有益经验和政策支持。以下是对此问题进行研究的简要概述。

作为农村经济合作组织中最为重要的一种表现形式，合作社在国外已有100多年的发展历史。黄胜忠从演化视角对欧美农业合作社进行研究发现，作为一种组织形态，合作社之所以能在市场竞争中获得生存和发展，最主要的原因在于合作社能够调整其市场战略和组织结构，以适应内外部环境的变化，即合作社具有较强的“外适应”和“内适应”功能。一般而言，组织和环境之间的战略交互作用依赖于组织战略的协调。因此，农业合作社要与周围环境进行交流和交换，这一过程是农业合作社的“外适应”。欧洲的农业合作社从生产导向性战略向市场导向性战略的转变、1980年代以来北美地区“新一代合作社”的出现都是对外部环境适应的表现。而为了执行生产和管理活动、吸纳和维系成员、取得合法性和制度支持，合作社必须要有一套组织原则和结构来调节参与者的行为，从而确保组织目标的实现，并在制度环境中获得认可和接受，这一过程被称之为农业合作社的“内适应”。研究表明，鉴于合作社是一种环境适应性的组织，因此对其认识不能建立在抽象的理论或者意识形态的基础上，必须要考虑其所处的市场环境和组织自身的特点。促进农民专业合作社的健康持续发展，需要注意以下几个方面：第一，无视农民专业合作社的基本目标和功能，直接根据一定的价值观定义合作社的原则（结构），这多少带有一定的“理想主义色彩”；第二，忽视农民专业合作社的组织原则和结构，而根据功能（任务）和市场战略直接决定合作社的经营行为，会导致农民专业合作社的“异化”；第三，经营活动直接随外部环境的变化而变化，导致农民专业合作

---

① 胡宗山、付强：《国外农村合作社：历史、经验与借鉴》，载《社会主义研究》2006年第4期。

社丧失其存在的价值。①

苑鹏通过回顾部分西方发达国家政府与合作社关系的演变发现：在合作运动起步阶段，合作社自主独立，国家被迫承认其合法性；在合作运动全面兴起时期，政府开始扶持合作社，合作社保持自治；20世纪后期以来，政府减少对合作社的直接扶持，转向提供服务，合作社自主经营。政府与合作社关系演变的背后，主要反映的是政府职能定位的变迁：从自由经济时代的无为之手，到国家干预经济时代的扶持之手，再到经济全球化、政府放松管制时代的服务之手。目前，西方发达国家政府扶持、服务合作社的目标始终是为合作社创造良好的市场竞争环境。从手段上讲，或是通过税收、信贷、直接补助等方式，改善合作社的成本收益结构；或是通过提供公共服务，弥补市场机制下这些服务的供给不足；或是通过促进国会立法，维护合作社的合法经营地位、保护合作社的基本权益和规范合作社的行为，最终促进合作社提升为广大小农社员服务的能力，以保障合作社与其他类型的市场竞争主体平等发展、公平竞争。②

国外农业合作组织的发展模式可以归纳为市场推动型（以美国为代表）和政府推动型（以日本为代表）两类。但无论采取何种发展模式，在农业合作社产生和发展过程中，政府都发挥了重要的作用。各国政府都通过立法以保障农业合作社的发展，使其获得了有利的发展条件。③

在美国，政府采用多种形式的政策工具来支持农业合作社的发展：第一，合作社发展援助。帮助那些对合作社感兴趣的生产者群体组建合作社，向农民提供合作社培训服务和进行合作社的可行性调查分析。第二，技术援助。合作社成立后，政府根据合作社的需求向合作社提供各种免费的技术服务，包括帮助合作社制定发展战略计划；帮助合作社分析合并或联营的方式；帮助合作社改进内部治理结构；国家法律条款的解读等。第三，合作社研究。政府与大学、研究机构、私人部门积极开展合作，进行合作社研究。其目的是改善合作

① 黄胜忠：《农业合作社的环境适应性分析》，载《开放时代》2009年第4期。

② 苑鹏：《部分西方发达国家政府与合作社关系的历史演变及其对中国的启示》，载《中国农村经济》2009年第8期。

③ 周波等：《国外农业合作社发展模式探析》，载《江西农业大学学报》（社会科学版）2009年第1期。

社的财务、经营状况，通过研究分析发现合作社解决问题的新方法，并将其应用到农民所面临的其他问题的解决方案中。第四，教育和信息。美国政府认为合作教育对于合作社的成功至关重要，通过编制各种培训资料和提供培训项目以增强人们对于合作社原则和实践的理解，还特别注重提升合作社领导人、雇员以及社员制定商业决策的能力。第五，统计分析。开展合作社统计有助于政府及时发现其发展趋势与结构变化，并为政府进行相关的农业与合作社立法提供重要信息。总体而言，美国政府将支持合作社发展视为政府的一项重要职能，但政府只支持那些遵循现代合作社原则的真正合作社，其出发点和归属以提高农民的自助能力为中心，而不是一厢情愿地替农民做主。①

加拿大政府对合作组织发展的支持方式也非常灵活有效：第一，“雪中送炭”而非“锦上添花”。政府对合作社的支持主要是在合作社发展的初期进行的，这一时期也是合作社最需要帮助的时候。第二，“授人以鱼不如授人以渔”。政府对合作经济的支持并不是在提供资金和税收优惠等方面，而是派出工作人员在不直接干预的情况下帮助成立合作社，具体帮助内容包括组织会议，帮助合作社达成一致意见，帮助决定业务活动种类。合作社成立以后，还可以帮助确认成员、制订计划、寻求资源、进行产业分析等，此外也包括帮助制订计划、组织会议、管理咨询等。第三，资金支持是针对专项活动而非合作社本身。加拿大对合作社活动的支持主要是根据政府的经济社会发展计划来进行的。如果合作社的某一类活动是政府优先发展领域的组成部分，就予以支持。因此，合作社能否得到支持，主要看其是否围绕经济社会发展规划来开展活动。第四，“四两拨千斤”，激发合作社内部活力。萨斯喀彻温省（Saskatchewan）的小企业创新基金和新一代合作社创业基金并不是直接给合作社提供资金援助，而是通过担保和利息补贴的方式为合作社提供资金支持。而且，这种担保并不是由政府单独负责，而是要求农民联合起来与政府共同提供。由于农民相互比较了解，加上社区熟人之间存在相互约束，政府的担保风险并不

① 苑鹏、刘凤芹：《美国政府在发展农民合作社中的作用及其启示》，载《农业经济问题》2007第9期；United States Department of Agriculture. *Cooperatives Program*，美国农业部网站，见 http://www.rurdev.usda.gov/rbs/coops/cswhat.htm。

大，但政府的信贷担保却能产生非常明显的效应。①

贝克（Baker）和泰尔高（Theilgaard）通过对文献的梳理，总结出发展中国家合作社成功的因素有强有力的商业驱动，同民营部门的良好关系；自治、强有力的、正直的领导；开放式会员制；集体同意的利润分配机制；如任务需要，稳步增加复杂性；将技能和经验同业务活动要求完成的任务相匹配；活动服务于会员家庭的需要；会员内部凝聚力；同外部机构的良好关系；向会员提供培训，强化会员参与和赋权；内部和外部的伦理规范；在中级层面上发展市场力量、针对中级层面的培训；初级、中级和顶级层面间的纵向紧密联系。②这些因素涉及合作组织内外部各个层面。持类似观点的还有勒普克（Jochen Rpke），他认为建立合作社的可能性不会自发地转变为现实性，没有合作社企业家就不会有合作社。但要有效地发挥合作社的优越性，来自外部的对于合作社企业家的扶持必不可少，尤其是在合作社的创建时期和发展早期更是如此。③

杨团、李振刚通过案例分析及对日韩的经验研究得出的初步结论是，农村合作组织发展要内外机制并生并存，不可忽略任何一方。但外生的政策机制不仅在启动阶段发挥支撑作用，在演进阶段也应如此，换言之，农民合作组织从诞生到发展、成熟，乃至创新其全程都需要政策机制和法律的保护，而内生的动力机制只有在外生机制的保护尤其是长期持续的保护下才能激发和成长、成熟。政府对于农村合作组织的社会政策支持是第一位的，要保护小农户就要保护小农户的合作组织，这类组织并非纯粹的经济组织，而是将经济利益融进社会利益的特殊社会组织。在农业社会向工业社会转变的阶段必须如此，在工业社会向后工业社会转变的新阶段更得如此。④

---

① 韩俊、罗丹、潘耀国：《可持续发展的加拿大农民合作社》，载《国务院发展研究中心调查研究报告》2006 年第 151 号。

② Derek Baker. Soren Theilgaard. *Group Action by Farmers.* Abel Projects ApS, Draft Report for the World Bank, June 2004. 转引自世界银行：《中国农民专业协会回顾与政策建议》，中国农业出版社 2006 年版，第 46 页。

③ 转引自国鲁来：《合作社制度及专业协会实践的制度经济学分析》，载《中国农村观察》2001 年第 4 期。

④ 杨团、李振刚：《四个农村合作组织案例的比较分析：发展需要内外机制并举》，载《学习与实践》2008 年第 10 期。

二、促进农村经济合作组织持续发展的基本原则和制度建设

目前，我国农村经济合作组织正处在快速发展的关键时期。借鉴国外农村经济合作组织发展的经验，根据实际情况与存在的问题，促进农村经济合作组织快速稳定发展，需要有针对性地采取措施。在实践中，应注意遵循以下原则：

第一，应坚持自主发育与政策扶持相结合的原则。农村经济合作组织是以农民为主体、按照“民办、民管、民受益”原则形成的农民自我组织和互助合作，是农户深化参与市场经济过程中的重要组织载体。一方面，为充分保障和发挥农民在合作组织中的主体地位，需要从各地方农业发展实际情况出发，依托产业优势和区位优势，鼓励农民因地制宜地组建、参与各种类型的农村经济合作组织。但是另一方面，现有的发展实践证明，地方政府尤其是县级政府在合作组织制度变迁中发挥着“第一行动集团”的作用和角色。地方政府以什么样的策略和方式来应对合作组织发展中面临的各种问题，也决定着合作组织和农业现代化的未来。[①] 为此，政府应根据农民生产经营活动与组织合作的需要，积极提供法律、财政和制度创新等多种政策支持来推动、加速合作组织的发展。

第二，应坚持规范与发展并重的原则，以营造有利于农村经济合作组织发展的环境。根据这项原则，政府既要对农村经济合作组织的发展提供必要的政策支持，使其具备独立运行的能力，并逐渐切断合作组织对政府的依赖，又要以完善农村经济合作组织制度建设和运行机制为着力点，通过经济政策、典型示范、惠农措施等手段不断推进合作组织的规范化建设，实现其持续发展。为实现此目标，在农村经济合作组织的培育与发展过程中，政府应采取激励与监管并重、支持但不干预等方法，从农民的真实需求出发，引导其成立有利于自我服务、自我发展的合作组织，而不是仅仅从农村主导产业发展的角度出发，更不能将合作组织作为一项行政任务而强制推行。脱离这项原则，农村经济合作组织不但会异化为套取政府财政支持和优惠的虚假组织形式，还会成为政府

① 樊红敏：《新型农民专业合作经济组织内卷化及其制度逻辑——基于河南省 A 县和 B 市的调查分析》，载《中国农村观察》2011 年第 6 期。

产业发展政策的附属品和工具，甚至成为政府官员谋取政治功绩的一个途径。

第三，应注意处理好农村经济合作组织与农村其他集体经济组织的关系。2013 年中央一号文件提出："农民合作社是带动农户进入市场的基本主体，是发展农村集体经济的新型实体，是创新农村社会管理的有效载体。按照积极发展、逐步规范、强化扶持的要求，加大力度、加快步伐发展农民合作社，切实提高引领带动能力和市场竞争能力。"这在进一步强调合作组织作用的同时，也再次引发了农村经济合作组织与农村其他集体经济组织关系的思考。在现有的乡村治理格局和新农村建设过程中，这两类组织都是根据农业生产和农村经济发展需要，通过合作的形式把生产要素组织起来，为农民和农业生产提供服务的组织[①]，都在不同的生产关系载体中发挥着重要作用。但是现有的发展实践中，这两类组织之间存在一定程度的资源竞争和利益矛盾。为此，各地应根据农村经济和农业生产的实际需要，选择适宜的组织形式，以最大限度地调动广大农民的积极性。

第四，打破部门分化，整合农村经济合作组织政策支持的多元部门。为让合作组织成为具有竞争力的市场主体，既要关注合作组织制度演进中的新动向，又要积极推动制度环境的改变。[②] 从各地情况看，农业、工商、税务、民政、财政等部门和科协、供销社、金融等系统在促进农村经济合作组织发展中都做了大量工作，但部门分化的多元管理体制也导致相互之间的协调沟通还相对欠缺，政策支持力量耗散低效。从国际经验来看，建立健全农村经济合作组织的指导服务体系是政府重视和支持合作组织发展的具体体现。政府设置专门的机构对合作组织进行指导与服务也是国际惯例。比如加拿大政府设有合作社秘书处，旨在加强合作社与政府中负责制定与执行合作社法律和政策的部门与机构的关系，以适应合作社的发展和加强政府在这个领域管理的需求。同时，秘书处向合作社提供政策咨询，协调政策的执行，而且成为合作社知识与技术服务的中心。美国政府设有专门为合作社服务的行政管理机构——美国农业部

① 陈辉：《如何更好发挥农民专业合作社的作用》，《人民日报》2010 年 10 月 29 日。

② 樊红敏：《新型农民专业合作经济组织内卷化及其制度逻辑——基于河南省 A 县和 B 市的调查分析》，载《中国农村观察》2011 年第 6 期。

农业合作社管理局，下设信息服务处、统计和技术服务处、合作社市场处、合作社发展处、合作社服务处。其主要职能是向合作社提供范围广泛的专门知识，以帮助合作社提高服务和经营效率；及时提供详细的市场信息，帮助合作社以较低的费用获得供应和服务，以较高的价格出售产品；开展教育培训活动，提高社员的素质和水平，为合作社发展提供人才和智力支持；提供资金援助，提高合作社的装备水平等。[①] 我国农村经济合作组织的不断发展，越来越需要专门的机构进行指导。应借鉴国外做法，在总结各地经验的基础上，设立全国性的农村经济合作组织指导和服务机构，以加强领导、整合资源，促进合作组织健康发展。

结合上述分析，为推进农村合作组织的持续良性发展，建构国家与社会的良性互动关系，可从以下方面进行相应地制度建设：一是要加强能促型政府的建构。在合作组织的发展过程中，政府的参与和支持是必不可缺的。但问题的关键在于，政府需要对自身的角色定位进行准确的认知与界定。否则，合作社发展到最后只能是一种被异化了的政府组织，根本无法得到真正意义上的生存或发展。[②] 从这个意义上说，来自新公共管理改革实践的能促型政府理念在很大程度上成为我们进行分析的相关参照。能促型政府的理念主要涉及国家社会关系的重构和政府角色的变化，强调政府通过采取各种方式帮助社会组织提升自己的能力，从而使后者更好地为民众服务。[③] 具体说来，能促型政府要求为所有合作组织建构健全的制度化管理环境，加强对合作组织社会资本和能力的投资。二是要加强合作组织专业化能力的建设。从农业经营中的行动者到地方治理中的政府支持者的角色转变，自主性的参与对合作组织而言，最根本的是加强自身的专业行动能力储备，逐步改变自身的弱势地位并逐步摆脱对政府的依赖。在厘清功能优势的基础上确立其不可替代的活动领域，逐步发展成为一支能够与政府展开“对话”的有效力量，这是促进合作组织持续发展乃至构建国家与社会良性互动关系能否建立的一个必要条件。

---

① 毕美家：《农民专业合作社培训教材》，中国农业出版社2008年版，第152页。

② 张翠莉：《论近代以来我国农村合作社与政府的关系演变》，载《沧桑》2012年第2期。

③ Blunkett, David, Rt. Hon. MP. *Civil Renewal: A New Agenda*. London: Home Office Communication Directorate, 2003.

参考文献

一、著作

[1]〔美〕道格拉斯 C. 诺思:《制度、制度变迁与经济绩效》,杭行译,上海三联书店 1994 年版。

[2]〔美〕弗朗西斯 · 福山:《国家构建:21 世纪的国家治理与世界秩序》,黄胜强、许铭原译,中国社会科学出版社 2007 年版。

[3]〔美〕罗伯特 · D. 普特南:《使民主运转起来》,王列、赖海榕译,江西人民出版社 2001 年版。

[4]〔美〕乔尔 · S. 米格代尔:《强社会与弱国家——第三世界的国家社会关系及国家能力》,张长东、朱海雷、隋春波、陈玲译,江苏人民出版社 2009 年版。

[5]〔美〕西奥多 · W. 舒尔茨:《改造传统农业》,梁小民译,商务印书馆 1999 年版。

[6]《梁漱溟全集》(第一卷),山东人民出版社 2005 年版。

[7] 毕美家:《农民专业合作社培训教材》,中国农业出版社 2008 年版。

[8] 曹锦清:《黄河边的中国——一个学者对乡村社会的观察与思考》,上海文艺出版社 2000 年版。

[9] 杜润生:《当代中国的农业合作制》,当代中国出版社 2002 年版。

[10] 房宁:《中国政治参与报告》,社会科学文献出版社 2011 年版。

[11] 冯开文:《合作制度变迁研究》,中国农业出版社 2003 年版。

[12] 黄胜忠:《转型时期农民专业合作社的组织行为分析:基于成员异质性的视角》,浙江大学出版社 2008 年版。

[13] 黄宗智:《中国农村的过密化与现代化:规范认识危机及出路》,上海社会科学院出版社 2000 年版。

[14] 黄祖辉、赵兴泉、赵铁桥:《中国农民合作经济组织发展:理论、实践与政策》,浙江大学出版社 2009 年版。

[15] 焦必方:《日本的农业、农民和农村——战后日本农业的发展与问题》,上海财经大学出版社 1997 年版。

[16] 李惠斌、杨雪冬:《社会资本与社会发展》,社会科学文献出版社 2000 年版。

[17] 李瑞芬:《农民专业合作经济组织知识》,中国农业出版社、农村读物出版社 2006 年版。

[18] 李熠煜:《关系与信任:中国乡村民间组织实证研究》,中国书籍出版社 2004 年版。

[19] 李姿姿:《中国农民专业合作组织研究》,中央编译出版社 2011 年版。

[20] 吕青芹、张林、韩星:《国外的农业合作社》,中国社会出版社 2006 年版。

[21] 吕新业:《新形势下农民专业合作组织研究》,中国农业出版社 2008 年版。

[22] 农业部农村经济体制与经营管理司、农业部农村合作经济经营管理总站:《农民专业合作组织案例评析》,中国农业出版社 2009 年版。

[23] 秦庆武:《村民自治与农村合作经济组织》,山东人民出版社 2006 年版。

[24] 曲延春:《变迁与重构:中国农村公共产品供给体制研究》,人民出版社 2012 年版。

[25] 世界银行:《中国农民专业协会回顾与政策建议》,中国农业出版社 2006 年版。

[26] 孙亚范:《农民专业合作经济组织利益机制分析》,社会科学文献出版社 2009 年版。

[27] 仝志辉:《农民民间组织与中国农村发展:来自个案的经验》,社会科学文献出版社 2005 年版。

[28] 夏英、宋彦峰:《农村商品的绿色通道:农村市场流通与税收》,中国税务出版社 2009 年版。

[29] 徐旭初:《中国农民专业合作经济组织的制度分析》,经济科学出版社 2005 年版。

[30] 应若平:《农民专业合作组织的生发机制》,中国农业出版社 2006 年版。

[31] 俞家宝:《农村合作经济学》,北京农业大学出版社 1994 年版。

[32] 中国(海南)改革发展研究院:《中国农民组织建设》,中国经济出版社 2005 年版。

[33] 沈延生:《对村民自治的期望与批评》,中国社会科学出版社 2003 年版。

二、期刊

[1] 白西兰、崔养民:《关于陕西省农民专业合作经济组织发展情况的调查与思考》,载《农村经营管理》2003 年第 6 期。

[2] 包先康、朱士群:《论农民公民意识的培养:一种社会政策的视角》,载《学术界》2012 年第 6 期。

[3] 蔡润英:《农业合作社定义及其法律地位探析》,载《企业经济》2006 年第 3 期。

[4] 陈柳钦、胡振华:《中国农村合作组织的历史变迁》,载《农业经济问题》2010 年第 6 期。

[5] 程恩富等:《建设社会主义新农村要倡导集体经济和合作经济模式多样化》,载《经济纵横》2006 年第 11 期。

[6] 程金华、李学尧:《法律变迁的结构性制约——国家、市场与社会互动中的中国律师职业》,载《中国社会科学》2012 年第 7 期。

[7] 崔宝玉、李晓明:《资本控制下的合作社功能与运行的实证分析》,载《农业经济问题》2008 年第 1 期。

[8] 董进才、严良海:《农民专业合作社的政治参与状况调查》,载《农村经济》2009 年第 2 期。

[9] 杜吟棠、潘劲:《 我国新型农民合作社的雏形——京郊专业合作组织案例调查及理论探讨》,载《 管理世界》2000 年第 1 期。

[10] 杜吟棠:《我国农民合作组织的历史和现状》,载《经济研究参考》2002 年第 25 期。

[11] 樊红敏:《新型农民专业合作经济组织内卷化及其制度逻辑——基于河南省 A 县和 B 市的调查分析》,载《中国农村观察》2011 年第 6 期。

[12] 方凯、刘洁:《农业合作社发展的国际经验及对我国的启示》,载《广东农业科学》2009 年第 8 期。

[13] 方云中、王祥:《创新农民专业合作社联合社登记制度》,载《中国工商管理研究》2011 年第 2 期。

[14] 房蕾:《中国民间组织对建设社会主义新农村的启示——以山东鱼台县古亭镇姜庄合作社为例》,载《沙棘》2009 年第 1 期。

[15] 冯仁:《村民自治走进了死胡同》,载《理论与改革》2011 年第 1 期。

[16] 傅晨:《新一代合作社:合作社制度创新的源泉》,载《中国农村经济》2003 年第 6 期。

[17] 顾昕:《能促型国家的角色:事业单位的改革与非营利部门的转型》,载《河北学刊》2005 年第 1 期。

[18] 郭红东:《当前我国政府扶持农村专业合作经济组织发展的行为选择》,载《农村合作经济经营管理》2002 年第 5 期。

[19] 郭庆海:《我国农民合作经济组织产业分布差异解析》,载《农业经济问题》2007 年第 4 期。

[20] 郭晓鸣、廖祖君:《公司领办型合作社的形成机理与制度特征——以四川省邛崃市金利猪业合作社为例》,载《中国农村观察》2010 年第 5 期。

[21] 郭晓鸣、曾旭晖:《农民合作组织发展与地方政府的角色》,载《中国农村经济》2005 年第 6 期。

[22] 国家农发办赴美考察团:《美国农业合作社发展状况》,载《中国农业综合开发》2008 年第 6 期。

[23] 国鲁来:《合作社制度及专业协会实践的制度经济学分析》,载《中国

农村观察》2001 年第 4 期。

[24] 韩淑明:《山东省潍坊市农村合作经济组织发展状况考察》,载《中国农村经济》2007 年第 8 期。

[25] 韩喜平、李恩:《农民专业合作社管理协同研究》,载《学习与探索》2011 年第 6 期。

[26] 何安华、邵锋、孔祥智:《资源禀赋差异与合作利益分配——辽宁省 HS 农民专业合作社案例分析》,载《江淮论坛》2012 年第 1 期。

[27] 何琳:《美国农业合作社发展过程中政府工作定位及启示》,载《农业经济》2005 年第 2 期。

[28] 洪锡良:《农村新型合作经济组织发展存在的问题及对策》,载《农村经济》2005 年第 3 期。

[29] 胡光明:《从保护农民权益的角度论农民专业合作社的三大功能》,载《安徽农业科学》2007 年第 3 期。

[30] 侯保疆:《我国农民专业合作组织的发展轨迹及其特点》,载《农村经济》2007 年第 3 期。

[31] 胡振华、陈柳钦:《农村合作组织的社会学分析》,载《东南学术》2010 年第 3 期。

[32] 胡卓红:《农民专业合作社的金融支持问题研究》,载《中国流通经济》2009 年第 8 期。

[33] 胡宗山、付强:《国外合作社:历史、经验与借鉴》,载《社会主义研究》2006 年第 5 期。

[34] 黄胜忠:《农业合作社的环境适应性分析》,载《开放时代》2009 年第 4 期。

[35] 黄志坚、陈树发、徐斌:《社会资本与农村合作组织的关系研究》,载《农业经济》2009 年第 2 期。

[36] 黄祖辉、邵科:《合作社的本质规定性及其漂移》,载《浙江大学学报》(人文社会科学版)2009 年第 1 期。

[37] 黄祖辉:《中国农民合作组织发展的若干理论与实践问题》,载《中国农村经济》2008 年第 11 期。

[38] 金太军:《拓展农民合作能力与减轻农民负担》,载《华中师范大学学报》(人文社会科学版)2004 年第 5 期。

[39] 姜长云:《我国农民专业合作组织发展的回顾与思考》,载《开发研究》2005 年第 3 期。

[40] 景跃进:《党、国家与社会:三者维度的关系——从基层实践看中国政治的特点》,载《华中师范大学学报》(人文社会科学版)2005 年第 3 期。

[41] 鞠立瑜、傅新红、杨锦秀、庄天慧:《农民专业合作社社长的内部社会资本状况分析》,载《农业技术经济》2012 年第 4 期。

[42] 孔祥智、蒋忱忱:《成员异质性对合作社治理机制的影响分析——以四川省井研县联合水果合作社为例》,载《农村经济》2010 年第 9 期。

[43] 孔祥智、史冰清:《我国农民专业合作经济组织发展的制度变迁及政策评价(1978—2008)》,载《中国合作经济评论》2010 年第 2 期。

[44] 孔祥智、史冰清:《当前农民专业合作组织的运行机制、基本作用及影响因素分析》,载《农村经济》2009 年第 1 期。

[45] 孔祥智:《农民专业合作经济组织:认识、问题及对策》,载《山西财经大学学报》2003 年第 10 期。

[46] 寇平君等:《制约我国农业合作经济组织发展的八大原因》,载《农业经济》2004 年第 2 期。

[47] 李长健、冯果:《我国农民合作经济组织立法若干问题研究》,载《法学评论》2005 年第 5 期。

[48] 李玉勤:《“农民专业合作组织发展与制度建设研讨会”综述》,载《农业经济问题》2008 年第 2 期。

[49] 李中华:《以合作社为载体创新农技推广体系建设》,载《青岛农业大学学报》(社会科学版)2009 年第 4 期。

[50] 李姿姿:《地方政府能力与农民合作组织的发展》,载《中国集体经济》2010 年第 1 期。

[51] 李姿姿:《国家与社会互动理论研究述评》,载《学术界》2008 年第 1 期。

[52] 李姿姿:《我国农民专业合作组织的合作模式初探》,载《农业经济》2010 年第 4 期。

[53] 廖运凤:《对合作制若干理论问题的思考》,载《中国农村经济》2004 年第 5 期。

[54] 林坚、黄胜忠:《成员异质性与农民专业合作社的所有权分析》,载《农业经济问题》2007 年第 10 期。

[55] 林坚、马彦丽:《农业合作社和投资者所有企业的边界———基于交易费用和组织成本角度的分析》,载《农业经济问题》2006 年第 3 期。

[56] 林闽钢:《我国行业性中介组织治理的公共政策》,载《科学学研究》2005 年第 3 期。

[57] 林滢、任大鹏:《我国农民专业合作社社区化现象探析》,载《农村经济》2009 年第 10 期。

[58] 林志达:《中国农业产业化的形成及实现形式研究》,载《农村经济与科技》2008 年第 9 期。

[59] 刘凤姣:《我国农民合作经济组织发展困境、成因及对策》,载《商业研究》2007 年第 6 期 。

[60] 刘明兴、徐志刚、陶然:《中国农民组织发展:治理结构与组织功能——基于 6 省调查的分析》,载《经济社会体制比较》2008 年第 1 期。

[61] 刘同山、孔祥智:《关系治理与合作社成长——永得利蔬菜合作社案例研究》,载《中国经济问题》2013 年第 3 期。

[62] 刘勇:《西方农业合作社理论文献综述》,载《华南农业大学学报(社会科学版)》2009 年第 4 期。

[63] 刘雅静:《我国农村合作经济组织的现状及发展对策》,载《东岳论丛》2003 年第 4 期。

[64] 穆励:《合作社是推动经济发展和社会进步的重要力量》,载《中国集体经济》2002 年第 8 期。

[65] 农业部农业产业化办公室:《借鉴国外合作社经验,应对 WTO 的挑战》,载《农业经济导刊》2002 年第 4 期。

[66] 欧继中、张晓红:《荷兰和日本农业合作组织模式比较与启示》,载《中州学刊》2009 年第 9 期。

[67] 潘劲:《国外农村合作社的发展》,载《中国供销合作经济》2000 年第 4 期。

[68] 潘劲:《中国农民专业合作社:数据背后的解读》,载《中国农村观察》2011 年第 6 期。

[69] 全国人大农业与农村委员会课题组:《农民合作经济组织法立法专题研究报告》,载《农村经营管理》2004 年第 9 期 – 2005 年第 1 期。

[70] 任大鹏、郭海霞:《 多主体干预下的合作社发展态势》,载《农村经营管理》2009 年第 3 期。

[71] 阮蔚:《日本农协面临的改革难题及对中国的启示》,载《中国农村经济》2006 年第 7 期。

[72] 史青:《对农民合作经济组织相关概念的研究》,载《财政研究》2009 年第 2 期。

[73] 孙晨光:《关于基层金融信贷产品对农民专业合作社发展适应性的考察》,载《金融理论与实践》2009 年第 11 期。

[74] 孙瑞玲:《试论新制度经济学视角下的农村合作组织》,载《当代经济》2007 年第 6 期。

[75] 谭启平:《论合作社的法律地位》,载《现代法学》2005 年第 4 期。

[76] 唐翌:《社会网络特性对社会资本价值实现的影响》,载《经济科学》2003 年第 3 期。

[77] 唐宗焜:《合作社功能和社会主义市场经济》,载《经济研究》2007 年第 12 期。

[78] 仝志辉、温铁军:《资本和部门下乡与小农户经济的组织化道路——兼对专业合作社道路提出质疑》,载《开放时代》2009 年第 4 期。

[79] 仝志辉:《我国农村社会化服务体系的“部门化”及其改革》,载《理论视野》2007 年第 8 期。

[80] 王爱民、房风文:《农民专业合作社的成长及其影响因素分析——基于寿光市果蔬农民专业合作社的案例》,载《中国合作经济评论》2012

年第 4 期。

[81] 王观芳:《国际合作社联盟"关于合作社特征的宣言"简介》,载《中国人大》2006 年第 11 期。

[82] 王军:《合作社治理:文献综述》,载《中国农村观察》2010 年第 2 期。

[83] 王曙光:《农民合作社与农村制度变迁 60 年》,载《中国经济》2010 年第 3 期。

[84] 王曙光:《新型农民合作组织与农村经济转型》,载《北京大学学报》(哲学社会科学版)2010 年第 3 期。

[85] 王威海:《西方合作主义理论述评》,载《上海经济研究》2007 年第 3 期。

[86] 王文献、董思杰:《农民专业合作社融资难问题的形成及原因分析》,载《农村经济》2008 年第 12 期。

[87] 王勇:《产业扩张、组织创新与农民专业合作社成长——基于山东省 5 个典型个案的研究》,载《中国农村观察》2010 年第 2 期。

[88] 温铁军:《部门和资本"下乡"与农民专业合作经济组织的发展》,载《经济理论与经济管理》2009 年第 7 期。

[89] 文国锋:《加强农村民间组织的培育和规范　促进社会主义新农村建设——山东、河南农村民间组织培育发展情况的调研报告》,载《学会》2007 年第 6 期。

[90] 吴琦:《农民专业合作经济组织的功能与效益分析——以蒙阴县文友家禽养殖合作社为例》,载《甘肃农业》2011 年第 3 期。

[91] 吴声怡、罗萍萍:《农民专业合作社发展的法律保障机制研究》,载《福建论坛·人文社会科学版》2009 年第 9 期。

[92] 夏英:《农民专业合作经济组织参与农技服务的目标模式》,载《中国农民合作社》2012 年第 3 期。

[93] 夏英:《我国农民专业合作经济组织发展中的政府行为与相关政策法规》,载《农村经营管理》2008 年第 11 期。

[94] 肖富群:《专业合作经营与农民合作能力的培育:来自广西贵港市农村的证据》,载《农业经济问题》2011 年第 12 期。

[95] 肖亮:《农村专业合作组织的作用及发展障碍因素分析——以四川省

为例》,载《开发研究》2010 年第 3 期。

[96] 徐仁发:《发展农民专业合作社 深化农村经济体制改革》,载《北京农村经济》2008 年第 4 期。

[97] 徐旭初:《合作社的本质规定性及其他》,载《农村经济》2003 年第 8 期。

[98] 徐旭初:《农民专业合作社发展辨析:一个基于国内文献的讨论》,载《中国农村观察》2012 年第 5 期。

[99] 徐勇:《当前中国农村研究方法论问题的反思》,载《河北学刊》2006 年第 2 期。

[100] 徐勇:《内核—边层:可控的放权式改革——对中国改革的政治学解读》,载《东方》2002 年第 12 期。

[101] 徐智环:《我国农村合作组织的变迁及其路径选择》,载《广播电视大学学报》(哲学社会科学版)2004 年第 4 期。

[102] 阎占定、白照坤:《新型农民合作经济组织乡村政治参与状况分析》,载《农业技术经济》2011 年第 5 期。

[103] 杨团、李振刚:《四个农村合作组织案例的比较分析:发展需要内外机制并举》,载《学习与实践》2008 年第 10 期。

[104] 叶扬兵:《农业合作化运动研究述评》,载《当代中国史研究》2008 年第 1 期。

[105] 衣保中、郑丽:《日本农协在农业产业化中的作用》,载《现代日本经济》2006 年第 4 期。

[106] 尹丽辉:《日本农协(1 –7)》,载《湖南农业》2005 年第 6 – 12 期。

[107] 应瑞瑶:《合作社的异化与异化的合作社——兼论中国农业合作社的定位》,载《江海学刊》2002 年第 6 期。

[108] 应瑞瑶:《论农业合作社的演进趋势与现代合作社的制度内核》,载《南京社会科学》2004 年第 1 期。

[109] 杨文志:《对农村专业技术协会及其相关问题的探讨》,载《中国农村经济》2002 年第 3 期。

[110] 于建嵘:《当代中国农民维权组织的发育与成长——基于衡阳农民协会的实证研究》,载《中国农村观察》2005 年第 2 期。

[111] 俞可平:《中国农村的民间组织与治理——以福建省漳浦县长桥镇东升村为例》(上、下),载《中国社会科学季刊》2001 年第 30、31 期。

[112] 郁建兴、吴宇:《中国民间组织的兴起与国家——社会关系理论的转型》,载《人文杂志》2003 年第 4 期。

[113] 袁迎珍:《农业合作组织:历史变迁和制度演进:推进我国农业经营组织化的新制度经济学分析》,载《经济问题》2004 年第 2 期。

[114] 苑鹏、刘凤芹:《美国政府在发展农民合作社中的作用及其启示》,载《农业经济问题》2007 年第 9 期。

[115] 苑鹏:《部分西方发达国家政府与合作社关系的历史演变及其对中国的启示》,载《中国农村经济》2009 年第 8 期。

[116] 苑鹏:《合作社民主管理制度的意义和面临的挑战》,载《中国合作社》2010 年第 6 期。

[117] 苑鹏:《中国农村市场化进程中的农民合作组织研究》,载《中国社会科学》2001 年第 6 期。

[118] 张翠莉:《论近代以来我国农村合作社与政府的关系演变》,载《沧桑》2012 年第 2 期。

[119] 张洪臣、郭重阳:《考察韩国新村建设和日本现代农业的启示》,载《农业经济》2006 年第 12 期。

[120] 张会恒:《农村合作经济发展 30 年的基本经验教训》,载《山西财经大学学报》2009 年第 S2 期。

[121] 张蕾:《日本农协及其对我国农民专业合作组织的启示》,载《安徽农学通报》2007 年第 3 期。

[122] 张敏:《自治还是他治——村民自治权异变及其治理》,载《中共浙江省委党校学报》2011 年第 6 期。

[123] 张晓山:《促进以农产品生产专业户为主体的合作社的发展——以浙江省农民专业合作社的发展为例》,载《中国农村经济》2004 年第 11 期。

[124] 张晓山:《农民专业合作社的发展趋势探析》,载《管理世界》2009 年第 5 期。

[125] 张新华、岳林、任福战:《转型期我国城乡贫富差距演变分析》,载《云南行政学院学报》2007 年第 4 期。

[126] 赵泉民 :《农民的公民意识与中国乡村合作经济组织的发展》,载《社会科学》2010 年第 8 期。

[127] 赵铁桥:《凝聚共识促发展——农民专业合作社 2012 年回眸与 2013 年展望》,载《中国农民合作社》2013 年第 1 期。

[128] 赵晓峰:《粮食类农民专业合作社:发展机制与促进对策》,载《贵州社会科学》2013 年第 6 期。

[129] 赵兴泉、童日晖、顾剑明、郑水明、应风其:《从 323 家合作社看浙江农民专业合作社发展》,载《农村经营管理》2007 年第 8 期。

[130] 赵秀梅:《基层治理中的国家社会关系——对一个参与社区公共服务的 NGO 的考察》,载《开放时代》2008 年第 4 期。

[131] 赵秀梅:《中国 NGO 对政府的策略:一个初步考察》,载《开放时代》2004 年第 6 期。

[132] 郑丹、大岛一二:《农民专业合作社资金匮乏现状、原因及对策》,载《农村经济》2011 年第 4 期。

[133] 郑丹:《国外合作社教育经验及其对我国的启示》,载《世界农业》2009 年第 8 期。

[134] 郑丹:《国外农业合作社在农业科技推广中的作用及启示》,载《农业科技管理》2009 年第 2 期。

[135] 钟真:《山东省青岛得兴果菜专业合作社案例分析》,载《中国合作经济评论》2012 年第 4 期。

[136] 周波等:《国外农业合作社发展模式探析》,载《江西农业大学学报》(社会科学版)2009 年第 1 期。

[137] 韩俊、罗丹、潘耀国:《可持续发展的加拿大农民合作社》,载《国务院发展研究中心调查研究报告》2006 年第 151 号。

[138] 韩俊:《一号文件将推动农民合作经济组织发展进入新阶段》,《中国经济时报》2004 年 3 月 9 日。

[139] 李文:《日本的农业保护政策》,载《当代亚太》2006 年第 6 期。

后 记

农村经济合作组织是改革开放后，农民在家庭联产承包责任制基础上形成的互助性合作组织。这种基于生产和自我利益发展的需要而以独立身份进行的自愿联合，体现了国家与村社退出农村生产领域后农民的互助与合作。在国家与社会分殊的制度背景之下，农村经济合作组织兼具政治化、市场化与社会化等多重功能，是影响农村社会和谐发展的重要因素。

本研究尝试从国家与社会互动的研究视角来探讨我国农村经济合作组织可持续发展的路径设计。最终形成的文稿是合作研究的成果，由战建华与张海霞，共同完成。具体分工如下：第一章、第四章、第五章、第六章、第八章，由战建华撰写；第二章、第三章，由张海霞撰写。第七章由刘现华撰写。全书的构思和最后的统稿工作由战建华完成。

本书在撰写过程中，广泛吸收和借鉴了农村经济合作组织研究领域中诸多专家学者和相关部门的研究成果，参考、引用了大量的统计数字、报刊报道、学术论文和著作，在此向他们表示诚挚的谢意。

由于近年来农村经济合作组织发展变化很快，加之作者研究视野和能力有限、写作分工不断调整，预期的写作框架并没有得到很好的展开和论证；书中也会存在一些疏漏、不足和错讹之处，恳请各位专家学者和读者给予批评指正。

战建华

2014 年 8 月

图书在版编目(CIP)数据

农村经济合作组织发展研究/战建华，张海霞著.
—济南：山东人民出版社，2014.12
ISBN 978-7-209-06879-6

Ⅰ.①农… Ⅱ.①战… ②张… Ⅲ.①农业合作组织
—研究—中国 Ⅳ.①F321.4

中国版本图书馆CIP数据核字(2014)第200811号

责任编辑:崔　萌

农村经济合作组织发展研究
战建华　张海霞　著

山东出版传媒股份有限公司
山东人民出版社出版发行
社　址:济南市经九路胜利大街39号　邮　编:250001
网　址:http://www.sd-book.com.cn
发行部:(0531)82098027　82098028
新华书店经销
莱芜市华立印务有限公司印装
规　格　16开(169mm×239mm)
印　张　13.25
字　数　195千字
版　次　2014年12月第1版
印　次　2014年12月第1次
ISBN 978-7-209-06879-6
定　价　34.00元

如有质量问题,请与印刷厂调换。　电话:(0634)6216033